엑스포지멘터리 성경공부 시리즈

창세기(Ⅲ)

창세기 25-50장

엑스포지멘터리 성경공부 시리즈

창세기(Ⅲ)

창세기 25–50장

| 송병현 · 임우민 지음 |

EM Exposi Mentary

차례

창세기(Ⅲ) 서론

엑스포지멘터리 성경공부 창세기의 마지막 편인 본서에서는 창세기 25~50장을 살펴볼 것이다. 여기서는 하나님께서 선택하신 아브라함의 후손 이삭 집안의 이야기를 회고하고 있다. 특히 이삭과 그의 큰아들 에서는 간략하게 기록하고 있는 반면, 둘째 아들 야곱과 그의 아들 요셉을 집중적으로 조명하고 있다. 창세기를 읽어 내려가는 독자들은 아브라함이 죽은 후 그의 아들 이삭의 전성시대가 올 것을 기대하겠지만, 이삭의 삶은 아버지 아브라함과 아들 야곱의 이야기 사이에 희미하게 묻어 있을 뿐 그의 일생을 따로 떼어 상세하게 묘사하는 사이클은 없다. 대신 야곱과 요셉을 중심으로 한 이야기로 창세기가 끝나고 있다.

1. 신학과 메시지

하나님의 주권

선조들이 당면했던 위기는 하나님의 강력한 주권 행사로 반전된다. 라반은 다양한 모략을 통해 야곱을 착취했지만, 하나님께서는 야곱이 라반에게 착취당한 모든 노동의 대가를 충분히 받을 수 있는 상황으로 만드셨다(30장). 에서는 20년 만에 고향으로 돌아오는 동생 야곱을 죽이려고 군대를 이끌고 나왔지만, 결국 그를 울면서 환영했다(33장). 형제들은 요셉을 노예로 팔았지만, 훗날 요셉은 하나님께서 야곱의 자손들을 살리기 위해 먼저 자신을 애굽으로 보내신 것이라고 고백한다(45:5). 또한 요셉은 야곱의 자손이 머물 장소를 고센으로 정하고, 자신의 죽음 후에 대한 유언을 남기는데, 이것은 요셉이 하나님의 주권을 믿고 순종하는 사람이었다는 것을 잘 보여준다.

소명

아브라함을 부르신 하나님은 야곱을 부르셔서 항상 그와 함께 하며 보호하시겠다는 약속을 주셨다. 요셉을 부르셔서 모든 형제와 그의 부모가 그에게 절하게 되리라는 것을 약속하셨다. 그러나 요셉은 큰 대가를 치러야 했다. 노예로, 죄인으로 타지에서 외로움과 공허 속에서 지낸 것으로 보인다. 요셉은 하나님과 동행하며 이 세상에서 살아가는 현실적인 이야기를 잘 보여 준다.

형통

요셉이 하는 일마다 잘되어 주인이 그를 전적으로 신임하여 모든 일을 맡기게 된 것은 하나님께서 아브라함에게 "너를 축복하는 자에게는 내가 복을 내리고"(12:3)라고 선언하신 말씀의 성취이다. 요셉은 하나님께서 아브라함에게 말씀하신 '함께 하시는 형통의 복'을 받은 것을 확실하고 구체적으로 보여 주고 있다. 그러나 하나님께서 함께 하신다고 해서 항상 모든 일이 잘 되는 것은 아니다. 그 과정 속에서 고난을 당할 수 있다. 요셉의 경우가 그러했다.

2. 인물의 특징

이삭

1) 하나님은 다른 선조들과 달리 이삭의 이름을 직접 지어 주셨다 (17:19).
2) 평생 가나안 땅(브엘세바)을 벗어나지 않고 살았다.
3) 평생 리브가와만 살았다.
4) 이삭은 한 번도 주변의 세력과 싸우지 않았다.
5) 유일하게 농업에 종사했다.
6) 다른 선조들보다 장수했다.

야곱

1) 믿음과 바람직한 인품을 지닌 사람이 아니었다.
2) 도덕적이고 양심적인 사람이 아니었다.
3) 야곱의 삶은 도주로 가득하다.
4) 야곱의 삶은 속이고 속는 삶이었다.
5) 다른 선조들은 자손이 귀했으나 야곱은 자손 번성의 축복을 받아 열두 아들을 얻었다.

요셉

1) 이렇다 할 기적이나 초인적 사건이 없다
2) 하나님께서 그와 직접 말씀하시지 않는다.
3) 다른 선조들처럼 제단을 쌓지도 않는다.
4) 하나님의 역사는 대부분 간접적으로, 정황적으로 요셉의 삶에 영향을 미친다.
5) 요셉 스토리의 옷들의 행진
   아버지께 '존귀한 옷'을 받음(37:3)
   형제들이 '노예의 옷'을 입힘(37:23)
   보디발의 집에서 '집사의 옷'을 입음(39:4)
   안주인이 옷을 벗기고 '죄인의 옷'을 입게 됨(39:12)
   죄수의 옷을 벗고 '총리의 옷'을 입음(41:42)

3 구조

야곱 이야기

A. 어려운 출산 - 야곱 단생(25:19-34)
  B. 이방인 왕실에 머문 리브가 - 이방인과 "언약"(26:1-35)
    C. 야곱이 에서를 두려워함(27:1-28:9)

D. 메신저: 벧엘(28:10-22)

E. 하란에 도착(29:1-30)

F. 야곱의 아내들이 자식을 낳음(29:31-30:24)

F′. 야곱의 짐승들이 새끼를 낳음(30:25-43)

E′. 하란을 떠남(31:1-55)

D′. 메신저: 얍복강(32:1-32)

C′. 야곱이 에서를 두려워함(33:1-20)

B′. 이방인 왕실에 머문 디나 - 이방인과 "언약"(34:1-31)

A′. 어려운 출산 - 야곱이 이스라엘이 됨(35:1-22)

요셉 이야기

A. 서론: 꿈꾸는 자 요셉(37:2-11)

B. 야곱이 요셉의 죽음을 슬퍼함(37:12-36)

C. 유다와 다말(38:1-30)

D. 이집트인이 요셉을 노예로 삼음(39:1-23)

E. 요셉이 이집트의 구원자가 됨(40:1-41:57)

F. 형제들이 이집트를 찾음(42:1-43:34)

G. 요셉이 형제들을 시험함(44:1-34)

G′. 요셉이 형제들에게 자신을 밝힘(45:1-28)

F′. 야곱이 이집트를 찾음(46:1-27)

E′. 요셉이 야곱 집안의 구원자가 됨(46:28-47:12)

D′. 요셉이 이집트인들을 노예로 삼음(47:13-31)

C′. 야곱이 요셉과 유다를 편애함(48:1-49:28)

B′. 요셉이 야곱의 죽음을 슬퍼함(49:29-50:14)

A′. 결론: 부양자 요셉(50:15-26)

장자의 자격

창세기 25:19-34

복습

1 창세기 25-50장에 등장하는 대표적인 인물 세 명의 특징은 무엇인가?(기억나는 대로 기록하시오.)

창세기 25:19-34

25:19 아브라함의 아들 이삭의 족보는 이러하니라 아브라함이 이삭을 낳았고 20 이삭
은 사십 세에 리브가를 맞이하여 아내를 삼았으니 리브가는 밧단 아람의 아람 족속 중
브두엘의 딸이요 아람 족속 중 라반의 누이였더라 21 이삭이 그의 아내가 임신하지 못
하므로 그를 위하여 여호와께 간구하매 여호와께서 그의 간구를 들으셨으므로 그의
아내 리브가가 임신하였더니 22 그 아들들이 그의 태 속에서 서로 싸우는지라 그가 이
르되 이럴 경우에는 내가 어찌할꼬 하고 가서 여호와께 묻자온대 23 여호와께서 그에
게 이르시되 두 국민이 네 태중에 있구나 두 민족이 네 복중에서부터 나누이리라 이
족속이 저 족속보다 강하겠고 큰 자가 어린 자를 섬기리라 하셨더라 24 그 해산 기한
이 찬즉 태에 쌍둥이가 있었는데 25 먼저 나온 자는 붉고 전신이 털옷 같아서 이름을
에서라 하였고 26 후에 나온 아우는 손으로 에서의 발꿈치를 잡았으므로 그 이름을 야
곱이라 하였으며 리브가가 그들을 낳을 때에 이삭이 육십 세였더라 27 그 아이들이 장
성하매 에서는 익숙한 사냥꾼이었으므로 들사람이 되고 야곱은 조용한 사람이었으므
로 장막에 거주하니 28 이삭은 에서가 사냥한 고기를 좋아하므로 그를 사랑하고 리브
가는 야곱을 사랑하였더라 29 야곱이 죽을 쑤었더니 에서가 들에서 돌아와서 심히 피
곤하여 30 야곱에게 이르되 내가 피곤하니 그 붉은 것을 내가 먹게 하라 한지라 그러
므로 에서의 별명은 에돔이더라 31 야곱이 이르되 형의 장자의 명분을 오늘 내게 팔라
32 에서가 이르되 내가 죽게 되었으니 이 장자의 명분이 내게 무엇이 유익하리요 33
야곱이 이르되 오늘 내게 맹세하라 에서가 맹세하고 장자의 명분을 야곱에게 판지라
34 야곱이 떡과 팥죽을 에서에게 주매 에서가 먹으며 마시고 일어나 갔으니 에서가 장
자의 명분을 가볍게 여김이었더라

말씀 돋보기 - 관찰

1 이삭은 그의 아내가 임신하지 못하자 어떻게 했는가?(창 25:21)

Tip
이삭이 아내를 위해 열심히 기도하니 하나님께서 그의 기도를 들으시고 결혼 생활 20년 만에 아이를 주셨다(창 25:26). 이삭이 기도했다고 하는데 여기서 '기도하다'는 자신을 위해 구하는 것이 아니라 남을 위한 중보기도를 드린다는 의미이다.
젊은 나이에도 불구하고 리브가는 시어머니 사라처럼 아이를 갖지 못했다. 훗날 리브가의 며느리 라헬과 레아 역시 임신이 되지 않아 괴로워했다. 하나님께서는 아브라함과 그의 후손들에게 많은 씨(후손)의 복을 약속하셨는데 정작 이들은 임신하지 못하고 있다. 이 약속은 인간의 생리적인 현상이 아니라 하나님께서 약속의 성취를 위해 일하고 계신다는 것을 보여 준다. 리브가의 불임은 걱정과 불만이 아닌 하나님의 주권적인 은혜를 맛볼 수 있는 기회가 되었다.

2 리브가가 태 속에서 서로 싸우는 아이들로 인해 여호와께 물을 때 하나님은 어떻게 대답하셨는가?(창 25:23)

a)

b)

c)

Tip
첫째, 그녀의 뱃속에 두 나라, 두 백성이 잉태되어 있다. 그래서 요란했던 것이다. 자신의 배가 왜 편안하지 못했는지에 대한 수수께끼가 풀렸다.
둘째, 이 아이들을 통해 두 개의 족속이 탄생할 것이다. 이 두 족속은 힘과 재력에 있어서 동일하지 않을 것이며, 하나가 다른 족속보다 강하게 될 것이다.
셋째, 형이 동생을 섬길 것이다. 창세기는 모든 것이 하나님의 뜻에 따라 이루어진다는 것을 동생을 선택하시는 일을 통해 드러낸다.

3 태어난 두 아이의 이름, 에서와 야곱의 의미는 무엇인가?(창 25:25, 26)

에서:

야곱:

Tip

첫째 아이 에서는 온통 몸이 붉고 털옷 같아서 에서라고 이름하였다. 둘째 아이는 형의 발꿈치를 잡고 나왔기 때문에 붙여진 이름으로 야곱이다.

이스라엘을 포함한 고대근동의 문화에서 이름짓기는 매우 중요한 의미를 지니고 있다. 이름이 그 사람의 운명에 영향을 미친다고 생각했기 때문이다. 그러므로 이름은 미래에 대한 소망을 내포하거나 탄생을 둘러싼 사건을 상기시키는 역할을 했다.

두 아이는 이름을 받게 된 동기에 차이가 있다. 에서는 단순히 털이 많고 몸이 붉다는 신체적인 조건 때문에 이 이름을 받게 되었다. 야곱은 형의 발꿈치를 붙잡고 있었던 독특한 행동 때문에 이 이름으로 불리게 되었다.

4 장성한 에서와 야곱의 성향은 어떠했으며, 부모와의 관계는 어떠했는가?(창 25:27, 28)

에서:

야곱:

Tip

에서는 사냥을 잘하는 들사람이 되었고, 야곱은 집에 거주하는 조용한 사람이다. 이삭은 에서가 사냥한 고기를 좋아하므로 에서를 편애했고, 리브가는 야곱을 편애했다. 서로 다른 아이를 편애하는 것으로 보아 이삭과 리브가의 관계가 건강하지 않은 것으로 보인다. 부부 관계가 건강하지 못하면 자녀들 사이에도 갈등의 관계가 형성되어 건강하지 못한 가정이 된다.

5 29~34절에서 떡과 팥죽에 장자권을 판 에서를 어떻게 평가하고 있는가?(창 25:34)

Tip 본문은 배고픔으로 팥죽 한 그릇에 장자권을 판 에서를 장자의 명분을 가볍게 여긴다고 평가하고 있다. 에서는 당장의 어려움 때문에 그의 미래에 큰 영향을 미칠 장자권을 너무도 쉽게 포기했다. 야곱은 장자권을 통한 미래를 기대하며 형과 거래를 했다. 에서는 당장 앞에 놓인 필요만을 생각하는 안목을 가지고 있으며, 야곱은 멀리 내다보는 안목을 가졌다.

장자권은 원래 유산과만 연관이 있다. 유산을 분배할 때 아들들은 각기 한 몫을 갖게 되고, 장자만 두 몫을 갖게 된다. 그러나 창세기에서 장자권의 의미는 유산을 넘어 하나님이 아브라함에게 주신 큰 민족에 대한 약속의 성취와 관련되어 있다. 이미 저자는 에서는 하나님의 축복에 합당하지 않는, 자격이 없는 사람임을 강조한다.

삶의 내비게이션 - 적용

1 당신의 이름의 의미는 무엇이며, 누가 작명했는가? 또는 당신의 자녀의 이름은 어떤 기준으로 지었는가?

관찰문제 3번 참고.

2 이삭과 리브가의 편애가 에서와 야곱 사이에서 갈등의 씨앗이 된다. 당신이 경험한 부모님의 편애 또는 자녀들 중에 더 편애하게 되는 경우는 어떤 것이 있는가?

관찰문제 4번 참고.

3 팥죽 한 그릇으로 에서는 근시안적 안목을 가진 사람으로, 야곱은 멀리 내다보는 안목을 가진 사람으로 평가되고 있다. 당신은 당장 보이는 작은 이익과 미래의 보이지 않는 큰 축복 중 어느 것을 더 소중히 여기는가?

관찰문제 5번 참고.

생활의 아로마 - 실천

관습이냐? 약속이냐?

제2주

창세기 27:1–29

복습

1 지난 주 배운 내용에서 떡과 팥죽에 장자권을 판 에서를 어떻게 평가하고 있는가?(창 25:34)

....

....

....

창세기 27:1–29

27:1 이삭이 나이가 많아 눈이 어두워 잘 보지 못하더니 맏아들 에서
를 불러 이르되 내 아들아 하매 그가 이르되 내가 여기 있나이다 하니
2 이삭이 이르되 내가 이제 늙어 어느 날 죽을는지 알지 못하니 3 그
런즉 네 기구 곧 화살통과 활을 가지고 들에 가서 나를 위하여 사냥하
여 4 내가 즐기는 별미를 만들어 내게로 가져와서 먹게 하여 내가 죽기
전에 내 마음껏 네게 축복하게 하라 5 이삭이 그의 아들 에서에게 말
할 때에 리브가가 들었더니 에서가 사냥하여 오려고 들로 나가매 6 리
브가가 그의 아들 야곱에게 말하여 이르되 네 아버지가 네 형 에서에
게 말씀하시는 것을 내가 들으니 이르시기를 7 나를 위하여 사냥하여
가져다가 별미를 만들어 내가 먹게 하여 죽기 전에 여호와 앞에서 네
게 축복하게 하라 하셨으니 8 그런즉 내 아들아 내 말을 따라 내가 네
게 명하는 대로 9 염소 떼에 가서 거기서 좋은 염소 새끼 두 마리를 내
게로 가져오면 내가 그것으로 네 아버지를 위하여 그가 즐기시는 별

미를 만들리니 10 네가 그것을 네 아버지께 가져다 드려서 그가 죽기 전에 네게 축복
하기 위하여 잡수시게 하라 11 야곱이 그 어머니 리브가에게 이르되 내 형 에서는 털
이 많은 사람이요 나는 매끈매끈한 사람인즉 12 아버지께서 나를 만지실진대 내가 아
버지의 눈에 속이는 자로 보일지라 복은 고사하고 저주를 받을까 하나이다 13 어머
니가 그에게 이르되 내 아들아 너의 저주는 내게로 돌리리니 내 말만 따르고 가서 가
져오라 14 그가 가서 끌어다가 어머니에게로 가져왔더니 그의 어머니가 그의 아버지
가 즐기는 별미를 만들었더라 15 리브가가 집 안 자기에게 있는 그의 맏아들 에서의
좋은 의복을 가져다가 그의 작은 아들 야곱에게 입히고 16 또 염소 새끼의 가죽을 그
의 손과 목의 매끈매끈한 곳에 입히고 17 자기가 만든 별미와 떡을 자기 아들 야곱의
손에 주니 18 야곱이 아버지에게 나아가서 내 아버지여 하고 부르니 이르되 내가 여
기 있노라 내 아들아 네가 누구냐 19 야곱이 아버지에게 대답하되 나는 아버지의 맏
아들 에서로소이다 아버지께서 내게 명하신 대로 내가 하였사오니 원하건대 일어나
앉아서 내가 사냥한 고기를 잡수시고 아버지 마음껏 내게 축복하소서 20 이삭이 그의
아들에게 이르되 내 아들아 네가 어떻게 이같이 속히 잡았느냐 그가 이르되 아버지
의 하나님 여호와께서 나로 순조롭게 만나게 하셨음이니이다 21 이삭이 야곱에게 이
르되 내 아들아 가까이 오라 네가 과연 내 아들 에서인지 아닌지 내가 너를 만져보려
하노라 22 야곱이 그 아버지 이삭에게 가까이 가니 이삭이 만지며 이르되 음성은 야
곱의 음성이나 손은 에서의 손이로다 하며 23 그의 손이 형 에서의 손과 같이 털이 있
으므로 분별하지 못하고 축복하였더라 24 이삭이 이르되 네가 참 내 아들 에서냐 그
가 대답하되 그러하니이다 25 이삭이 이르되 내게로 가져오라 내 아들이 사냥한 고기
를 먹고 내 마음껏 네게 축복하리라 야곱이 그에게로 가져가매 그가 먹고 또 포도주
를 가져가매 그가 마시고 26 그의 아버지 이삭이 그에게 이르되 내 아들아 가까이 와
서 내게 입맞추라 27 그가 가까이 가서 그에게 입맞추니 아버지가 그의 옷의 향취를
맡고 그에게 축복하여 이르되 내 아들의 향취는 여호와께서 복 주신 밭의 향취로다
28 하나님은 하늘의 이슬과 땅의 기름짐이며 풍성한 곡식과 포도주를 네게 주시기를
원하노라 29 만민이 너를 섬기고 열국이 네게 굴복하리니 네가 형제들의 주가 되고
네 어머니의 아들들이 네게 굴복하며 너를 저주하는 자는 저주를 받고 너를 축복하는
자는 복을 받기를 원하노라

말씀 돋보기 - 관찰

1 이삭이 맏아들 에서를 부른 이유는 무엇인가?(창 27:4)

Tip

이삭은 큰아들 에서가 사냥한 짐승으로 맛있는 음식을 만들어 오면 그 음식을 먹고 축복해 주기 위해서 에서를 불렀다. 이삭의 행동에는 두 가지 문제를 안고 있다. 첫째 그는 아직도 에서가 장자의 축복을 받아야 한다고 생각하고 있는 점이다. 둘째 구약에서 축복은 공개적으로 선포되는 것이 일상화 되어 있었다(창 49:1, 28; 50:24-25; 신 33:1). 그런데 이삭은 이런 정서와는 달리 큰아들 에서만 불러 비밀리에 그를 축복하려 했다. 또한 이삭이 별미를 만들게 하는 주목적은 축복을 위해서가 아니라 잔치를 위한 것이었다. 즉 에서가 팥죽 때문에 장자권을 넘겨주었던 것처럼, 이삭도 음식에 눈이 멀어 최고의 축복을 야곱에게 하게 된다.

2 축복에 대한 이삭과 리브가의 말은 차이가 있는데 그것은 무엇인가?(창 27:4, 7)

이삭:

리브가:

Tip

이삭은 단순히 "내가 죽기 전에 내 마음껏 네게 축복하게 하라"(4절)고 말한 반면 리브가는 "여호와 앞에서 네게 축복하게 하라"(7절)고 선언했다고 말을 바꾸고 있다. 리브가는 이 사건의 종교적 중요성을 의식하고 있는 것이다. 이는 믿음의 가치를 따르는 사람과 세상의 가치를 따르는 사람의 대조로 볼 수 있다.

• **장자권과 축복**

장자권: 아버지의 재산에 대한 권리를 보장

축복: 하나님께서 장자에게 주시는 번영과 지배권의 보장, 가문의 전통과 맥을 이어가는 일과 연관됨

	이삭	리브가
선호	에서	야곱
축복의 기준	풍습대로 장자가 받아야 함	태중 약속대로 야곱이 받아야 함
관심	잔치의 음식-에서와 흡사	축복권-야곱과 흡사
축복 선포 기준	"내 마음껏 네게 축복하게 하라"(27:4)	"여호와 앞에서 네게 축복하게 하라"(27:7)

3 리브가의 계획을 들은 야곱의 걱정은 무엇인가?(창 27:11, 12)

....

....

....

Tip

야곱이 고민한 것은 이 음모가 지닌 윤리적 문제가 아닌 단지 발각될 것을 걱정했다. 이렇게 볼 때 야곱은 도덕적이고 양심적인 사람이 아니었다. 그가 유일하게 걱정하는 것은 일이 잘못되면 오히려 저주를 받을 수 있다는 사실이었다. 선조들이 살았던 가부장적인 사회에서는 아버지가 제사장 역할을 감당했다. 아버지는 제사장으로서 하나님의 권위로 집안의 모든 종교적인 일들을 집행해 나갔다. 그러므로 아버지의 축복은 곧 하나님의 축복이고, 그의 저주는 곧 하나님의 저주로 여겨졌다.

4 야곱이 아버지 이삭에게 받은 세 가지 축복은 무엇인가?(창 27:27-29)

a)

....

....

b)

....

c)

....

....

Tip

야곱이 받은 축복은 세 가지의 주요 내용을 담고 있다.

첫째, 제 때 내리는 이슬과 기름진 땅을 빌어, 땅의 풍요로움을 축복해 주었다.

둘째, 정치와 군사적인 주권을 축복해 주었다. 창세기에서 축복이 선포될 때는 풍요/번성과 주권이 함께 간다. 이 통치권의 범위는 야곱의 형제와 그의 자손들에게 제한되는 것이 아니라 온 세상을 포함하고 있다.

셋째, 하나님의 변함없는 보호와 인도하심이 부메랑 효과를 발휘하는 축복과 저주 선언으로 선포되었다.

그러나 자손과 영토에 대한 약속은 빠져 있다.

삶의 내비게이션 - 적용

1 야곱은 리브가의 계획의 윤리적 문제보다 자신에게 임할 저주를 걱정한다. 당신은 어떤 계획이나 일의 윤리적 문제로 씨름한 경험이 있는가?

관찰문제 3번 참고.

2 이삭과 리브가는 부부였지만 각각 세상의 가치와 믿음의 가치를 따르고 있다. 그리고 그것은 결국 자녀에 대한 편애로 이어졌다. 당신의 가정은 어떠한가? 당신의 가정이 믿음으로 하나될 수 있는 방법은 무엇인가?

관찰문제 2번 참고.

3 당신의 자녀가 당신의 모습에서 본받지 않았으면 하는 부분이 있다면 무엇인가?

관찰문제 1번 참고.

생활의 아로마 - 실천

뛰는 야곱 위에 나는 라반

창세기 29:1-30

복습

1 축복에 대한 이삭과 리브가의 말은 차이가 있는데 그것은 무엇인가?(창 27:4, 7)

이삭:

....

....

리브가:

....

....

창세기 29:1-30

29:1 야곱이 길을 떠나 동방 사람의 땅에 이르러 2 본즉 들에 우물이 있
고 그 곁에 양 세 떼가 누워 있으니 이는 목자들이 그 우물에서 양 떼
에게 물을 먹임이라 큰 돌로 우물 아귀를 덮었다가 3 모든 떼가 모이
면 그들이 우물 아귀에서 돌을 옮기고 그 양 떼에게 물을 먹이고는 우
물 아귀 그 자리에 다시 그 돌을 덮더라 4 야곱이 그들에게 이르되 내
형제여 어디서 왔느냐 그들이 이르되 하란에서 왔노라 5 야곱이 그들
에게 이르되 너희가 나홀의 손자 라반을 아느냐 그들이 이르되 아노라
6 야곱이 그들에게 이르되 그가 평안하냐 이르되 평안하니라 그의 딸
라헬이 지금 양을 몰고 오느니라 7 야곱이 이르되 해가 아직 높은즉 가
축 모일 때가 아니니 양에게 물을 먹이고 가서 풀을 뜯게 하라 8 그들
이 이르되 우리가 그리하지 못하겠노라 떼가 다 모이고 목자들이 우물
아귀에서 돌을 옮겨야 우리가 양에게 물을 먹이느니라 9 야곱이 그들

과 말하는 동안에 라헬이 그의 아버지의 양과 함께 오니 그가 그의 양들을 치고 있었
기 때문이더라 10 야곱이 그의 외삼촌 라반의 딸 라헬과 그의 외삼촌의 양을 보고 나
아가 우물 아귀에서 돌을 옮기고 외삼촌 라반의 양 떼에게 물을 먹이고 11 그가 라헬
에게 입맞추고 소리 내어 울며 12 그에게 자기가 그의 아버지의 생질이요 리브가의 아
들 됨을 말하였더니 라헬이 달려가서 그 아버지에게 알리매 13 라반이 그의 생질 야
곱의 소식을 듣고 달려와서 그를 영접하여 안고 입맞추며 자기 집으로 인도하여 들이
니 야곱이 자기의 모든 일을 라반에게 말하매 14 라반이 이르되 너는 참으로 내 혈육
이로다 하였더라 야곱이 한 달을 그와 함께 거주하더니 15 라반이 야곱에게 이르되 네
가 비록 내 생질이나 어찌 그저 내 일을 하겠느냐 네 품삯을 어떻게 할지 내게 말하라
16 라반에게 두 딸이 있으니 언니의 이름은 레아요 아우의 이름은 라헬이라 17 레아는
시력이 약하고 라헬은 곱고 아리따우니 18 야곱이 라헬을 더 사랑하므로 대답하되 내
가 외삼촌의 작은 딸 라헬을 위하여 외삼촌에게 칠 년을 섬기리이다 19 라반이 이르되
그를 네게 주는 것이 타인에게 주는 것보다 나으니 나와 함께 있으라 20 야곱이 라헬
을 위하여 칠 년 동안 라반을 섬겼으나 그를 사랑하는 까닭에 칠 년을 며칠같이 여겼
더라 21 야곱이 라반에게 이르되 내 기한이 찼으니 내 아내를 내게 주소서 내가 그에
게 들어가겠나이다 22 라반이 그 곳 사람을 다 모아 잔치하고 23 저녁에 그의 딸 레아
를 야곱에게로 데려가매 야곱이 그에게로 들어가니라 24 라반이 또 그의 여종 실바를
그의 딸 레아에게 시녀로 주었더라 25 야곱이 아침에 보니 레아라 라반에게 이르되 외
삼촌이 어찌하여 내게 이같이 행하셨나이까 내가 라헬을 위하여 외삼촌을 섬기지 아
니하였나이까 외삼촌이 나를 속이심은 어찌됨이니이까 26 라반이 이르되 언니보다 아
우를 먼저 주는 것은 우리 지방에서 하지 아니하는 바이라 27 이를 위하여 칠 일을 채
우라 우리가 그도 네게 주리니 네가 또 나를 칠 년 동안 섬길지니라 28 야곱이 그대로
하여 그 칠 일을 채우매 라반이 딸 라헬도 그에게 아내로 주고 29 라반이 또 그의 여종
빌하를 그의 딸 라헬에게 주어 시녀가 되게 하매 30 야곱이 또한 라헬에게로 들어갔고
그가 레아보다 라헬을 더 사랑하여 다시 칠 년 동안 라반을 섬겼더라

말씀 돋보기 - 관찰

1 야곱이 길을 떠나 동방 사람의 땅의 한 우물에 도착하여 만난 사람은 누구이며, 어떻게 행하였는가?(창 29:6, 10)

......

......

......

Tip

야곱은 우물에서 라헬을 만났으며, 라헬을 위해 우물의 돌을 옮겨 라헬이 돌보는 양들에게 물을 먹였다. 당시의 우물은 보통 넓적한 바위로 덮여 있었는데 두세 사람이 힘을 합해야 굴릴 수 있는 바위였다. 우물을 무거운 바위로 덮는 것은 불순물이나 독약으로부터 수질을 보호하고, 일부 사람들이 물을 독점하는 것을 막기 위한 사회적 장치였다.

야곱이 보통 장정 두세 명이 굴릴 수 있는 바위를 치우고 라헬의 양들에게 물을 먹인 것은 초인적인 힘을 발휘한 것이다. 이 부분은 전통적으로 유대인들이 야곱이 거인이었다고 생각하는 근거가 된다.

2 아브라함의 종이 리브가를 만났던 것처럼(창 24:26) 야곱도 우물에서 라헬을 만나는데 그들의 반응은 각각 다르다. 어떻게 다른가?(창 29:11)

아브라함의 종:

......

야곱:

......

......

Tip

야곱은 라헬에게 입맞추고 목놓아 울며 자신의 정체를 밝혔다. 입맞춤은 친척들 사이의 인사 풍습이었다. 그러나 야곱은 자신의 정체를 밝히기 전에 먼저 라헬에게 입맞춤을 하고 있다. 창세기 24장에서 아브라함의 종은 먼저 하나님께 감사와 찬양을 드렸는데 야곱은 그렇게 하고 있지 않다.

어머니 리브가가 아브라함 종의 낙디들에게 물을 먹이듯이 모전자전으로 야곱도 라헬의 양들에게 물을 먹인다.

3 야곱이 라반의 집에서 거주한 지 한 달이 되었을 때 외삼촌 라반의 제안은 무엇이며, 야곱은 어떻게 대답하였는가?(창 29:15, 17)

라반:

....

....

야곱:

....

....

Tip 라반은 야곱에게 공짜로 무한정 일을 시킬 수는 없으니 봉급을 정하자고 했다. 이에 라헬을 사모하고 있던 야곱은 라헬을 아내로 맞이하는 대가로 라반을 위해 7년 동안 일하겠다고 제안한다. 당시 관습에 의하면 가족 사이에는 결코 노동에 대한 대가를 받지 않았는데 라반은 야곱에서 삯을 주겠다고 제안하고 있다. 그는 야곱과의 관계를 '외삼촌-조카'의 관계에서 '고용주-고용인'의 경제적인 관계로 강등시키고 있다. 그리고 앞으로 착취하는 고용주와 힘없이 당하는 고용인의 관계가 20년 동안 지속된다. 야곱이 7년간 일한 것은 70세겔을 지불하는 것과 마찬가지이며, 이것은 라반에게 착취 수준의 대우를 받고 있는 것이다.

- **신부의 지참금**

은 30-40세겔: 은 10세겔은 노동자의 1년 봉급

1) 신탁 자금 - 혹시 여자의 남편이 죽거나 남편에게 버림받게 되었을 때 여인의 생계비

2) 집안의 다른 형제의 결혼 자금

4 라헬을 사랑하여 7년을 며칠같이 일한 야곱이 첫날밤을 함께 한 신부는 누구인가?(창 29:23, 25)

....

....

Tip 야곱과 첫날밤을 보낸 사람은 라헬이 아니라 레아였다. 잔치로 취한 야곱과 신혼방의 어두움 그리고 신부 레아의 베일 등을 이용해 야곱을 속인 라반의 속임수였다. 지난날 야곱이 아버지 이삭의 눈이 침침한 것을 이용해 아버지를 속였던 것과 유사하다.

5 야곱이 외삼촌 라반이 속인 것에 대해 물을 때 라반의 변명은 무엇인가?(창 29:26)

Tip

라반은 언니가 결혼하기 전에 동생을 보낼 수 없다는 지역의 풍습을 핑계로 야곱에게 다시 7년을 일할 것을 요구했다. 라반은 딸의 몸값을 배로 받는 일에 재미를 붙여 다시 한 번 착취하게 된다. 이 사건은 야곱이 아버지 이삭에게 '동생'을 '형'이라고 속인 것과 비교할 수 있다. 즉, 라반의 '큰 아이를 두고 동생을 먼저 주지 않는다'는 말은 야곱이 형의 축복을 가로 챈 사건과 연관성이 있어 보인다.

〈야곱과 라반의 공통점〉

	야곱	라반
속임의 대상	야곱이 이삭을 속임	라반이 야곱을 속임
약점의 이용	이삭 눈의 침침함을 이용	야곱의 취기와 레아의 베일을 이용
속임의 내용	동생을 형이라고 속임	언니를 동생이라고 속임
속임의 결과	장자의 축복을 가로챔	총 14년의 노동력을 착취함

삶의 내비게이션 - 적용

1 야곱은 라헬을 사랑하므로 7년을 며칠같이 여겼다. 당신에게도 이처럼 긴 시간을 며칠같이 보낸 경험이 있는가?

관찰문제 3번 참고.

2 라반과 야곱 사이에 반복되는 속이고 속는 상황에는 심은 대로 거두는 원리가 나타나고 있다. 야곱은 아버지 이삭의 어두운 눈을 속였고, 라반은 어두운 신혼방을 이용해 야곱을 속였다. 당신이 경험한 심은 대로 거두는 원리대로 이루어진 일에는 어떤 것이 있는가?

관찰문제 4번 참고.

3 라헬을 위해 7년을 일하겠다는 야곱의 제안을 수용한 라반은 친척에게 해서는 안되는 착취를 행하고 있다. 당신이 알고 있는 일 중에 합법적으로 하는 것같지만 하나님 보시기에는 착취와 같은 것에는 무엇이 있는가?

관찰문제 3번 참고.

생활의 아로마 - 실천

점박이의 비밀

창세기 30:25-43

복습

1 야곱이 라반의 집에서 거주한 지 한 달이 되었을 때 외삼촌 라반의 제안은 무엇이며, 야곱은 어떻게 대답하였는가?(창 29:15, 17)

라반:

야곱:

창세기 30:25-43

30:25 라헬이 요셉을 낳았을 때에 야곱이 라반에게 이르되 나를 보내어 내 고향 나의
땅으로 가게 하시되 26 내가 외삼촌에게서 일하고 얻은 처자를 내게 주시어 나로 가게
하소서 내가 외삼촌에게 한 일은 외삼촌이 아시나이다 27 라반이 그에게 이르되 여호
와께서 너로 말미암아 내게 복 주신 줄을 내가 깨달았노니 네가 나를 사랑스럽게 여기
거든 그대로 있으라 28 또 이르되 네 품삯을 정하라 내가 그것을 주리라 29 야곱이 그
에게 이르되 내가 어떻게 외삼촌을 섬겼는지, 어떻게 외삼촌의 가축을 쳤는지 외삼촌
이 아시나이다 30 내가 오기 전에는 외삼촌의 소유가 적더니 번성하여 떼를 이루었으
니 내 발이 이르는 곳마다 여호와께서 외삼촌에게 복을 주셨나이다 그러나 나는 언제
나 내 집을 세우리이까 31 라반이 이르되 내가 무엇으로 네게 주랴 야곱이 이르되 외
삼촌께서 내게 아무것도 주시지 않아도 나를 위하여 이 일을 행하시면 내가 다시 외삼
촌의 양 떼를 먹이고 지키리이다 32 오늘 내가 외삼촌의 양 떼에 두루 다니며 그 양 중
에 아롱진 것과 점 있는 것과 검은 것을 가려내며 또 염소 중에 점 있는 것과 아롱진
것을 가려내리니 이같은 것이 내 품삯이 되리이다 33 후일에 외삼촌께서 오셔서 내 품
삯을 조사하실 때에 나의 의가 내 대답이 되리이다 내게 혹시 염소 중 아롱지지 아니
한 것이나 점이 없는 것이나 양 중에 검지 아니한 것이 있거든 다 도둑질한 것으로 인
정하소서 34 라반이 이르되 내가 네 말대로 하리라 하고 35 그 날에 그가 숫염소 중 얼
룩무늬 있는 것과 점 있는 것을 가리고 암염소 중 흰 바탕에 아롱진 것과 점 있는 것
을 가리고 양 중의 검은 것들을 가려 자기 아들들의 손에 맡기고 36 자기와 야곱의 사
이를 사흘 길이 뜨게 하였고 야곱은 라반의 남은 양 떼를 치니라 37 야곱이 버드나무
와 살구나무와 신풍나무의 푸른 가지를 가져다가 그것들의 껍질을 벗겨 흰 무늬를 내
고 38 그 껍질 벗긴 가지를 양 떼가 와서 먹는 개천의 물 구유에 세워 양 떼를 향하게
하매 그 떼가 물을 먹으러 올 때에 새끼를 배니 39 가지 앞에서 새끼를 배므로 얼룩얼
룩한 것과 점이 있고 아롱진 것을 낳은지라 40 야곱이 새끼 양을 구분하고 그 얼룩무
늬와 검은 빛 있는 것을 라반의 양과 서로 마주보게 하며 자기 양을 따로 두어 라반의
양과 섞이지 않게 하며 41 튼튼한 양이 새끼 밸 때에는 야곱이 개천에다가 양 떼의 눈
앞에 그 가지를 두어 양이 그 가지 곁에서 새끼를 배게 하고 42 약한 양이면 그 가지를
두지 아니하니 그렇게 함으로 약한 것은 라반의 것이 되고 튼튼한 것은 야곱의 것이
된지라 43 이에 그 사람이 매우 번창하여 양 떼와 노비와 낙타와 나귀가 많았더라

건너 뛴 창세기 29:31-30:24 요약

〈야곱의 자녀들〉

어머니	이름	이름의 의미	성구
레아	르우벤	아들을 보라	29:32
	시므온	들으시다	29:33
	레위	부착/합체	29:34
	유다	찬양	29:35
빌하	단	심판	30:6
	납달리	씨름하다	30:8
실바	갓	행운	30:11
	아셀	행복	30:13
레아	잇사갈	상금/보상	30:18
	스블론	존귀함	30:20
	디나	심판	30:21
라헬	요셉	그가 더하시리	30:24
	베냐민	오른팔의 아들	35:18

말씀 돋보기 - 관찰

1 요셉이 태어날 즈음 야곱이 라반에게 요청한 것은 무엇인가?(창 30:25, 26)

Tip

야곱은 라반의 두 딸을 위해 14년을 동안 종살이를 했다. 그런데도 야곱은 라반에게 '내 아내들과 내 자식들을 주소서'라고 부탁한다. 야곱은 분명 법적으로 이들의 남편이고 아버지였지만 현실적으로는 라반이 아직도 이들을 소유하고 있음을 시사한다.

2 자신의 집에 계속 머물기를 원하는 라반에게 요구한 야곱의 품삯은 무엇인가?(창 30:32)

Tip 야곱은 라반의 짐승 중 '몸에 줄이나 점이 있는 가축들'을 품삯으로 달라고 했다. 혹시 하얀 짐승이 야곱의 짐승 중에 끼어 있으면 훔친 것으로 간주해도 좋다는 말도 덧붙였다.

그 당시 목자들이 품삯으로 적게는 새로 태어난 짐승들의 10%를 많게는 20%를 받았던 것을 감안하면 야곱의 요구는 매우 미미한 것이었다. 게다가 근동 지역의 양들은 대체로 하얗고, 염소들은 까맣거나 갈색이었으니 라반은 이 흥정에 대해 속으로 즐거운 비명을 지르며 흔쾌히 허락했을 것이다.

3 계약이 체결되자 라반이 행한 것은 무엇인가?(창 30:35)

Tip 라반은 두루 돌아 다니며 점이나 줄이 있는 짐승들을 모두 골라내어 그의 아들들에게 주었다. 라반은 야곱과 신실하게 협상을 한 것 같았으나 계약이 체결되자마자 비열하게 횡포를 부리고 있다. 점박이 부모 가축이 있어야 점박이 가축들이 태어날 텐데 눈에 보이는 점박이들의 씨를 말려 버린 것이다. 그것도 야곱이 점박이 짐승들을 훔쳐갈 것을 방지하기 위해 3일의 간격을 두었다. 라반은 인간적인 가능성을 모두 차단했지만 하나님의 변수에 대해서는 생각하지 못했다.

4 라반의 방해에도 야곱의 재산은 어떻게 되었는가?(창 30:43)

Tip

라반의 수고에도 불구하고 야곱은 매우 번창하여 양 떼와 노비와 낙타와 나귀가 많아졌다. 모두 여호와께서 야곱과 함께 하셨기 때문에 그가 어떤 방법을 써서 부를 쌓으려 해도 그대로 되었을 것이다. 6년 동안 그는 보통 사람들이 20년 동안 수고해도 얻을 수 없을 만큼 많은 부를 얻게 되었다.

- **점박이 동물들의 비밀**

  과학적인 근거 없음

  특별한 마술(요술) 없음

  그 일을 묘사하는 히브리어 텍스트도 상당히 불확실성을 포함

  오직 하나님께서 그를 축복하셨기 때문에 가능한 일

삶의 내비게이션 - 적용

1 라반은 야곱으로 인해 여호와께서 복을 주셔서 풍요로움을 누릴 수 있었고, 라반의 방해에도 여호와께서 복을 주셔서 야곱은 부를 얻을 수 있었다. 당신이 경험한 하나님께서 함께 하시는 축복은 무엇인가?

관찰문제 4번 참고.

2 무슨 일이 잘되면 내 덕이고 안되면 하나님을 탓하거나 조상을 탓하기가 쉽다. 크리스천은 잘되어도 하나님 때문에, 안되어도 하나님이 계시니까라는 고백이 필요하다. 당신이 현재 경험하고 있는 연단은 어떤 것이 있는가?

관찰문제 1번 참고.

3 야곱은 결코 경건하고 순수한 방법으로 재물을 모으지 않았다. 그럼에도 하나님의 축복을 받은 이유는 그의 행동 때문이 아니라 그의 조상 아브라함과의 약속 때문이다. 교활한 야곱과도 약속을 지키시는 하나님이시다. 아브라함의 신실함이 야곱에게 영향을 주고 있다. 당신은 자손을 위해 무엇을 투자하고 있는가?

관찰문제 4번 참고.

생활의 아로마 - 실천

천하장사 야곱

제5주

창세기 32:1-32

복습

1 자신의 집에 계속 머물기를 원하는 라반에게 요구한 야곱의 품삯은 무엇인가?(창 30:32)

창세기 32:1-32

32:1 야곱이 길을 가는데 하나님의 사자들이 그를 만난지라 2 야곱이 그들을 볼 때에
이르기를 이는 하나님의 군대라 하고 그 땅 이름을 마하나임이라 하였더라 3 야곱이
세일 땅 에돔 들에 있는 형 에서에게로 자기보다 앞서 사자들을 보내며 4 그들에게 명
령하여 이르되 너희는 내 주 에서에게 이같이 말하라 주의 종 야곱이 이같이 말하기를
내가 라반과 함께 거류하며 지금까지 머물러 있었사오며 5 내게 소와 나귀와 양 떼와
노비가 있으므로 사람을 보내어 내 주께 알리고 내 주께 은혜 받기를 원하나이다 하라
하였더니 6 사자들이 야곱에게 돌아와 이르되 우리가 주인의 형 에서에게 이른즉 그
가 사백 명을 거느리고 주인을 만나려고 오더이다 7 야곱이 심히 두렵고 답답하여 자
기와 함께 한 동행자와 양과 소와 낙타를 두 떼로 나누고 8 이르되 에서가 와서 한 떼
를 치면 남은 한 떼는 피하리라 하고 9 야곱이 또 이르되 내 조부 아브라함의 하나님,
내 아버지 이삭의 하나님 여호와여 주께서 전에 내게 명하시기를 네 고향, 네 족속에
게로 돌아가라 내가 네게 은혜를 베풀리라 하셨나이다 10 나는 주께서 주의 종에게 베
푸신 모든 은총과 모든 진실하심을 조금도 감당할 수 없사오나 내가 내 지팡이만 가지
고 이 요단을 건넜더니 지금은 두 떼나 이루었나이다 11 내가 주께 간구하오니 내 형
의 손에서, 에서의 손에서 나를 건져내시옵소서 내가 그를 두려워함은 그가 와서 나와
내 처자들을 칠까 겁이 나기 때문이니이다 12 주께서 말씀하시기를 내가 반드시 네게
은혜를 베풀어 네 씨로 바다의 셀 수 없는 모래와 같이 많게 하리라 하셨나이다 13 야
곱이 거기서 밤을 지내고 그 소유 중에서 형 에서를 위하여 예물을 택하니 14 암염소
가 이백이요 숫염소가 이십이요 암양이 이백이요 숫양이 이십이요 15 젖 나는 낙타 삼
십과 그 새끼요 암소가 사십이요 황소가 열이요 암나귀가 이십이요 그 새끼 나귀가 열
이라 16 그것을 각각 떼로 나누어 종들의 손에 맡기고 그의 종에게 이르되 나보다 앞
서 건너가서 각 떼로 거리를 두게 하라 하고 17 그가 또 앞선 자에게 명령하여 이르되
내 형 에서가 너를 만나 묻기를 네가 누구의 사람이며 어디로 가느냐 네 앞의 것은 누
구의 것이냐 하거든 18 대답하기를 주의 종 야곱의 것이요 자기 주 에서에게로 보내
는 예물이오며 야곱도 우리 뒤에 있나이다 하라 하고 19 그 둘째와 셋째와 각 떼를 따
라가는 자에게 명령하여 이르되 너희도 에서를 만나거든 곧 이같이 그에게 말하고 20
또 너희는 말하기를 주의 종 야곱이 우리 뒤에 있다 하라 하니 이는 야곱이 말하기를
내가 내 앞에 보내는 예물로 형의 감정을 푼 후에 대면하면 형이 혹시 나를 받아 주리
라 함이었더라 21 그 예물은 그에 앞서 보내고 그는 무리 가운데서 밤을 지내다가 22
밤에 일어나 두 아내와 두 여종과 열한 아들을 인도하여 얍복 나루를 건널새 23 그들
을 인도하여 시내를 건너가게 하며 그의 소유도 건너가게 하고 24 야곱은 홀로 남았더

니 어떤 사람이 날이 새도록 야곱과 씨름하다가 25 자기가 야곱을 이기지 못함을 보고
그가 야곱의 허벅지 관절을 치매 야곱의 허벅지 관절이 그 사람과 씨름할 때에 어긋났
더라 26 그가 이르되 날이 새려하니 나로 가게 하라 야곱이 이르되 당신이 내게 축복
하지 아니하면 가게 하지 아니하겠나이다 27 그 사람이 그에게 이르되 네 이름이 무엇
이냐 그가 이르되 야곱이니이다 28 그가 이르되 네 이름을 다시는 야곱이라 부를 것이
아니요 이스라엘이라 부를 것이니 이는 네가 하나님과 및 사람들과 겨루어 이겼음이
니라 29 야곱이 청하여 이르되 당신의 이름을 알려주소서 그 사람이 이르되 어찌하여
내 이름을 묻느냐 하고 거기서 야곱에게 축복한지라 30 그러므로 야곱이 그 곳 이름을
브니엘이라 하였으니 그가 이르기를 내가 하나님과 대면하여 보았으나 내 생명이 보
전되었다 함이더라 31 그가 브니엘을 지날 때에 해가 돋았고 그의 허벅다리로 말미암
아 절었더라 32 그 사람이 야곱의 허벅지 관절에 있는 둔부의 힘줄을 쳤으므로 이스라
엘 사람들이 지금까지 허벅지 관절에 있는 둔부의 힘줄을 먹지 아니하더라

건너 뛴 창세기 31장 요약

〈20년 만에 가나안으로 야곱이 라반을 떠나기 힘든 이유〉

1) 평생 친정이 있는 하란에서만 살았던 자매들

해결: 재물에 눈이 어두운 친정 아버지의 지나친 욕심에 진절머리가 난 딸들이 떠나기를 선택함

2) 장인 라반과 처가 식구들이 야곱을 쉽게 놓아주지 않음

해결: 장인 몰래 떠남-하나님의 심판이 라반에게 임함

말씀 돋보기 - 관찰

1 야곱이 세일 땅 에돔 들에 있는 에서에게 보낸 메시지는 무엇이며, 사자들이 가져온 소식은 무엇인가?(창 32:3-6)

메시지:

....

....

소식:

....

....

Tip

야곱은 종들이 전한 메시지로 두 가지를 강조했다. 첫째, 야곱이 그 동안 에서의 뒷전에서 일을 꾸미고 있었던 것이 아니라 먼 곳에 가 있었다는 사실이다. 둘째, 그는 이미 많은 재산을 소유하고 있으니 결코 자신의 유산을 챙기러 온 것이 아니라는 것이다. 야곱은 이 두 가지를 형에게 알려 형의 적대감을 조금이라도 완화시키려고 노력했다.

그러나 돌아온 소식은 에서가 400명을 이끌고 자신을 향해 오고 있다는 것이었다. 당시 가나안 지역에 있던 대부분의 도시 국가들의 군대 규모는 300-400명이었다. 에서가 이 많은 사람들을 이끌고 온다는 것은, 지난 20년 동안 야곱만큼이나 에서도 크게 번성했음을 암시한다. 여기서 에서의 무리는 야곱을 맞이하러 오는 것보다는 대적하기 위해서 오고 있는 것이다.

2 사자들의 소식에 야곱이 취한 두 가지 행동은 무엇인가?(창 32:7-12)

a)

....

....

b)

....

....

Tip

야곱은 자신의 재산을 두 떼로 나누었다. 에서가 한 쪽을 치면 다른 한쪽은 피할 수 있게 하겠다는 계산이었다. 그리고 자신이 할 수 있는 최선의 묘안을 내어 실행한 다음 야곱은 하나님께 기도했다. 성경에 기록된 야곱의 처음이자 마지막 기도이다.

〈야곱 기도의 7가지 요소〉

핵심	기도	교훈
대상(9절)	오 나의 아버지의 하나님 … 오 여호와여	하나님께서 하셨던 약속을 상기시킴
대상에 대한 서술(9절)	저에게 '내가 너를 보살펴 주리라' 말씀하신 하나님	
겸손(10절)	저는 하나님의 은혜를 감당할 수 없습니다	지난 날을 회고하며 삶에 임한 하나님의 은혜와 축복 고백
세부적인 상황 설명(10절)	내 지팡이만 … 지금은 두 떼나 이루었나이다	
간구(11절)	형 에서에게서 저를 구하소서	솔직한 자신의 두려움을 고백
당면한 문제에 대한 설명(11절)	나와 내 처와 아이들도 해칠까 두렵습니다	
동기부여(12절)	하나님께서 말씀하시기를 '너의 자손이 셀 수 없이 많아지리라' 하셨습니다	하나님의 약속을 상기시키는 일로 기도를 마무리

3 야곱은 에서에게 줄 예물을 택하여 네 떼로 나누어 보내면서 각 떼에게 에서에게 전하도록 명령한 것은 무엇이며, 그렇게 한 목적은 무엇인가?(창 32:13-20)

명령:

이유:

Tip

각 그룹을 이끌고 가는 종들에게 이것은 모두 '야곱이 에서에게 드리는 선물이며, 야곱은 뒤에 오고 있다'는 말을 전하도록 했다. 어떻게든 에서의 감정을 완화시키겠다는 전략이었다. 야곱이 에서에게 준 짐승의 숫자는 550마리이다. 야곱은 이 짐승들을 에서에게 선물함으로 심리적으로는 에서의 환심을 사고, 물리적으로는 에서가 이동하기 어렵게 만들고 있다.

4 모든 무리가 얍복 나루를 건넌 후 혼자 남은 야곱은 무엇을 했는가?(창 32:24)

Tip

야곱은 어디서 왔는지도 모르는 사람과 밤새 씨름했다. 야곱은 큰 군대를 이끌고 그를 맞이하러 오는 에서를 생각하면 도망가고 싶었다. 그러나 갈 곳이 없다. 그는 외삼촌 라반에게도 돌아갈 수 없다. 이런 상황에서 그는 어떤 한 사람과 밤새 씨름했다. 이 사건은 교활했던 한 인간의 변화를 다루고 있다. 지금까지 야곱은 이름이 뜻하는 것과 같이 자신의 수단과 방법으로 자기가 원하는 모든 것을 취해 왔다. 그는 라반과 에서를 이겼다. 이제, 야곱은 필사적으로 하나님께 매달리고 있다. 그가 원했던 것은 형을 이길 정도의 힘이 아니라 에서의 어떤 위협에서도 자신를 보호할 하나님의 지속적인 함께하심이었다.

- **야곱의 씨름**

  영적 주장: 어떻게 하나님께서 인간과 씨름을 할 수 있을까? – 기도를 통한 영적 씨름

  물리적인 주장: 야곱이 환도뼈를 다쳐 다리를 절면서 떠났다는 것은 물리적인 면도 포함됨

  (cf. 창세기 3장의 뱀도 사탄이기도 하지만 실제로 들판을 배회하는 뱀)

5 야곱과 씨름하던 사람은 야곱의 이름을 '이스라엘'로 바꾸어 주는데 그 의미는 무엇인가?(창 32:28)

Tip

이름은 낮은 자가 높은 자에게 말하는 것이 당시 정서였다. 그러므로 이 사람이 야곱의 이름을 묻는 것은 그가 야곱보다 더 강한 자, 높은 자임을 뜻한다. 하나님께서는 야곱에게 새 이름으로 축복하셨는데 새 이름은 새 신분을 의미한다. 야곱은 더 이상 야곱(지렁이 같은 놈, 속이는 자)이 아니라 이스라엘(하나님을 이긴 자, 하나님의 존귀한 자)이 되었다. 삶의 최대 곤경에 처한 야곱이 필사적으로 하나님께 매달림으로써 이런 영광스러운 이름을 얻게 되었다. 야곱은 오랫동안 하나님을 알고 있는 종교인이었지만 진짜 하나님의 자녀가 된 것은 이 때이다.

삶의 내비게이션 - 적용

1 야곱은 형과 장자권을 놓고 씨름했고(25, 27장), 장자의 축복을 얻기 위해 아버지와 씨름했다(27장). 재산을 모으기 위해서는 장인과 씨름했다(29-31장). 이제 생존을 위해 하나님과 씨름하고 있다. 당신은 지금까지 무엇을 위해 씨름했는가?

관찰문제 4번 참고.

2 자신의 수단과 방법으로 자기가 원하는 것은 모두 가졌던 야곱이 하나님 앞에서 낮아지고 겸손해지는 것을 보게 된다. 당신은 하나님 앞에 어떤 모습으로 서 있는가?

관찰문제 5번 참고.

3 하나님을 만난다고 해서 모든 것이 더해지는 것은 아니다. 빠질 것은 빠지고 채워질 것은 채워진다. 야곱은 불구가 되었지만 이스라엘이라는 이름을 얻게 되었다. 당신은 하나님과 만남으로 제거된 것은 무엇이고, 채워진 것은 무엇인가?

관찰문제 5번 참고.

생활의 아로마 - 실천

위기와 대처 사이

창세기 34:1-31

복습

1 야곱과 씨름하던 사람은 야곱의 이름을 '이스라엘'로 바꾸어 주는데 그 의미는 무엇인가?(창 32:28)

창세기 34:1-31

34:1 레아가 야곱에게 낳은 딸 디나가 그 땅의 딸들을 보러 나갔더니
2 히위 족속 중 하몰의 아들 그 땅의 추장 세겜이 그를 보고 끌어들여
강간하여 욕되게 하고 3 그 마음이 깊이 야곱의 딸 디나에게 연연하며
그 소녀를 사랑하여 그의 마음을 말로 위로하고 4 그의 아버지 하몰에
게 청하여 이르되 이 소녀를 내 아내로 얻게 하여 주소서 하였더라 5 야
곱이 그 딸 디나를 그가 더럽혔다 함을 들었으나 자기의 아들들이 들에
서 목축하므로 그들이 돌아오기까지 잠잠하였고 6 세겜의 아버지 하몰
은 야곱에게 말하러 왔으며 7 야곱의 아들들은 들에서 이를 듣고 돌아
와서 그들 모두가 근심하고 심히 노하였으니 이는 세겜이 야곱의 딸을
강간하여 이스라엘에게 부끄러운 일 곧 행하지 못할 일을 행하였음이
더라 8 하몰이 그들에게 이르되 내 아들 세겜이 마음으로 너희 딸을 연
연하여 하니 원하건대 그를 세겜에게 주어 아내로 삼게 하라 9 너희가
우리와 통혼하여 너희 딸을 우리에게 주며 우리 딸을 너희가 데려가고
10 너희가 우리와 함께 거주하되 땅이 너희 앞에 있으니 여기 머물러
매매하며 여기서 기업을 얻으라 하고 11 세겜도 디나의 아버지와 그의
남자 형제들에게 이르되 나로 너희에게 은혜를 입게 하라 너희가 내게

말하는 것은 내가 다 주리니 12 이 소녀만 내게 주어 아내가 되게 하라 아무리 큰 혼수
와 예물을 청할지라도 너희가 내게 말한 대로 주리라 13 야곱의 아들들이 세겜과 그의
아버지 하몰에게 속여 대답하였으니 이는 세겜이 그 누이 디나를 더럽혔음이라 14 야
곱의 아들들이 그들에게 말하되 우리는 그리하지 못하겠노라 할례 받지 아니한 사람
에게 우리 누이를 줄 수 없노니 이는 우리의 수치가 됨이니라 15 그런즉 이같이 하면
너희에게 허락하리라 만일 너희 중 남자가 다 할례를 받고 우리 같이 되면 16 우리 딸
을 너희에게 주며 너희 딸을 우리가 데려오며 너희와 함께 거주하여 한 민족이 되려니
와 17 너희가 만일 우리 말을 듣지 아니하고 할례를 받지 아니하면 우리는 곧 우리 딸
을 데리고 가리라 18 그들의 말을 하몰과 그의 아들 세겜이 좋게 여기므로 19 이 소년
이 그 일 행하기를 지체하지 아니하였으니 그가 야곱의 딸을 사랑함이며 그는 그의 아
버지 집에서 가장 존귀하였더라 20 하몰과 그의 아들 세겜이 그들의 성읍 문에 이르러
그들의 성읍 사람들에게 말하여 이르되 21 이 사람들은 우리와 친목하고 이 땅은 넓어
그들을 용납할 만하니 그들이 여기서 거주하며 매매하게 하고 우리가 그들의 딸들을
아내로 데려오고 우리 딸들도 그들에게 주자 22 그러나 우리 중의 모든 남자가 그들
이 할례를 받음 같이 할례를 받아야 그 사람들이 우리와 함께 거주하여 한 민족 되기
를 허락할 것이라 23 그러면 그들의 가축과 재산과 그들의 모든 짐승이 우리의 소유가
되지 않겠느냐 다만 그들의 말대로 하자 그러면 그들이 우리와 함께 거주하리라 24 성
문으로 출입하는 모든 자가 하몰과 그의 아들 세겜의 말을 듣고 성문으로 출입하는 그
모든 남자가 할례를 받으니라 25 제삼일에 아직 그들이 아파할 때에 야곱의 두 아들
디나의 오라버니 시므온과 레위가 각기 칼을 가지고 가서 몰래 그 성읍을 기습하여 그
모든 남자를 죽이고 26 칼로 하몰과 그의 아들 세겜을 죽이고 디나를 세겜의 집에서
데려오고 27 야곱의 여러 아들이 그 시체 있는 성읍으로 가서 노략하였으니 이는 그들
이 그들의 누이를 더럽힌 까닭이라 28 그들이 양과 소와 나귀와 그 성읍에 있는 것과
들에 있는 것과 29 그들의 모든 재물을 빼앗으며 그들의 자녀와 그들의 아내들을 사로
잡고 집 속의 물건을 다 노략한지라 30 야곱이 시므온과 레위에게 이르되 너희가 내게
화를 끼쳐 나로 하여금 이 땅의 주민 곧 가나안 족속과 브리스 족속에게 악취를 내게
하였도다 나는 수가 적은즉 그들이 모여 나를 치고 나를 죽이리니 그러면 나와 내 집
이 멸망하리라 31 그들이 이르되 그가 우리 누이를 창녀 같이 대우함이 옳으니이까

건너 뛴 창세기 33장 요약

1) 20여 년만에 에서와 야곱의 형제 상봉-야곱은 한없이 낮은 자세로 형을 대하고 대범한 형은 그를 용서하고 껴안는다.
2) 화해한 형제는 좋은 기억을 가지고 서로 갈 길을 간다.
3) 야곱이 가족을 이끌고 세겜으로 가 그곳에서 제단을 쌓고 하나님을 경배한다.

말씀 돋보기 - 관찰

1 레아의 딸 디나가 나들이에 나선 이유는 무엇이며, 그곳에서 당한 일은 무엇인가?(창 34:1, 2)

Tip

야곱의 딸 디나는 세겜 지역에 사는 여자들을 보기 위해 나들이에 나섰다. 디나가 홀로 낯선 도시를 방문했다는 것은 당시 정서를 고려하면 문제가 있는 행동으로, 처녀가 보호자 없이 낯선 도시를 홀로 배회한다는 것은 상상도 할 수 없는 일이었다. 그 곳에서 디나는 히위 족속의 추장인 세겜에게 성폭행을 당하게 된다.

※ 주의: 피해를 당한 경험이 있는 사람이 있을 수 있으므로 가볍고 장난스러운 분위기는 자제하는 것이 바람직하다. 또한 여성 피해자가 원인을 제공해서 이런 일이 일어났다는 추측으로 몰아가는 것도 바람직하지 않다. 이 문제에 대해서는 신중하고 조심스러울 필요가 있다.

2 디나의 소식을 들은 아버지 야곱과 오빠들의 반응은 어떠했는가?(창 34:5, 6)

아버지:

오빠들:

Tip

야곱은 디나의 이야기를 듣고 아무런 행동도 취하지 않고 들에서 짐승을 치고 있는 아들들이 돌아오기까지 잠잠히 있었다. 야곱의 이러한 행동은 딸에 대해 무책임한 것으로, 디나의 두렵고 떨리는 상황을 전혀 고려하지 않은 것이었다. 반면에 야곱의 아들들은 디나의 일로 매우 분노했다. 저자도 이 일에 대해 자신의 입장을 밝히는데 "세겜이 야곱의 딸을 강간하여 이스라엘에게 부끄러운 일 곧 행하지 못할 일을 행하였다"라고 한다(7절).

- **구약의 부끄러운 일**
  - 사회의 건강과 보존을 위해 반드시 처벌해야 하는 범죄를 의미
  1) 매우 심각한 도덕적/윤리적 기준을 범하는 행위(신 22:21; 삿 20:6; 삼하 13:12; 렘 29:23)
  2) 심각한 성적인 범죄(삿 19:23-24; 사 9:16)
  3) 도를 넘는 매정함(삼상 25:25)

3 하몰의 요청과 야곱의 아들들의 제안은 무엇인가?(창 34:8-17)

하몰의 요청:

야곱의 아들들:

Tip

세겜의 아버지 하몰은 야곱을 찾아와 디나를 세겜의 아내로 줄 것을 요청했다. 세겜도 어떤 몸값이라도 지불하겠다고 간청한다. 그러나 저지른 잘못에 대한 사과는 없다. 이에 야곱의 아들들은 할례를 받지 않은 자들과 피를 섞을 수 없다고 말하며, 모든 히위 족속이 할례를 받으면 그들이 제시한 대로 서로 여인들을 주어 결혼하여 한 민족이 될 수 있다는 기대를 심어 주었다.

4 할례를 받아 고통 속에 있는 세겜 사람들에게 야곱의 아들들은 어떻게 했는가?(창 34:25-29)

....

....

....

....

Tip

그들은 할례를 행한 지 3일째 되는 날을 기다려 세겜 사람들을 모두 몰살시켰다. 3일째 되는 날까지 기다린 것은 세겜 사람들의 숫자가 너무 많아 이때 비로소 모든 남자들이 할례를 받았기 때문일 수도 있고, 아니면 이 때가 할례로부터 오는 고통이 가장 큰 때일 수도 있다.

시므온과 레위가 세겜 사람들을 몰살시켰다는 소식이 전해지자 야곱의 아들들은 모두 약탈에 나섰다. 야곱의 아들들은 세겜 사람들의 소유물과 아내, 자식들을 모두 취했다. 모든 물건을 약탈했다는 것은 그들의 지나친 욕심을 잘 묘사하고 있다. 이들의 행동은 속임수를 통해서 신뢰를 깨는 배신의 행위였다. 특히 자신을 방어할 수 없는 사람들에게 행해진 비열하고 잔인한 행동이었다.

5 야곱은 아들들의 행동에 화를 냈는데 어떤 생각을 가지고 있었으며, 그것은 무엇을 의미하는가?(창 34:30)

....

....

....

....

Tip

야곱은 진정으로 세겜 사람들과 합일 생각을 가지고 있었다. 또한 야곱은 디나의 의사와 관계없이 성폭행한 자에게 딸을 결혼시키려고 했다. 이러한 생각은 하나님께서 아브라함의 후손들을 통해 구성하려고 하셨던 선택된 백성이 없어질 수도 있는 위험에 빠지게 하는 것이다.

삶의 내비게이션 - 적용

1 디나의 소식을 접한 아버지의 절제된 감정과 아들들의 분노는 극적인 대조를 이룬다. 당신의 가족들이 뜻밖의 소식을 접했을 때 보인 다양한 반응에는 어떤 것이 있는가?

관찰문제 2번 참고.

2 세겜은 잘못을 저지른 후에 진정한 사과를 먼저 해야 했다. 그러나 그는 사과없이 보상으로 일을 마무리 하려고 한다. 당신이 진정한 사과를 해야 하거나, 사과를 기다리고 있는 것은 무엇인가?

관찰문제 3번 참고.

3 시므온과 레위의 행동은 장자권을 잃게 되는 계기가 되었다(49장). 우리는 죄나 과오를 하나님의 뜻과 연관시켜서 합리화하거나 정당화 하지 말아야 한다. 당신이 하나님의 뜻이라고 생각하여 타협하고 있는 것은 무엇인가?

관찰문제 4번 참고.

생활의 아로마 - 실천

제7주

형제의 강

창세기 37:1-30

복습

1 디나가 나들이 나갔다가 성폭행 당한 소식을 들은 아버지 야곱과 오빠들의 반응은 어떠했는가?(창 34: 5, 6)

아버지:

오빠들:

창세기 37:1-30

37:1 야곱이 가나안 땅 곧 그의 아버지가 거류하던 땅에 거주하였으니 2
야곱의 족보는 이러하니라 요셉이 십칠 세의 소년으로서 그의 형들과
함께 양을 칠 때에 그의 아버지의 아내들 빌하와 실바의 아들들과 더불
어 함께 있었더니 그가 그들의 잘못을 아버지에게 말하더라 3 요셉은
노년에 얻은 아들이므로 이스라엘이 여러 아들들보다 그를 더 사랑하
므로 그를 위하여 채색옷을 지었더니 4 그의 형들이 아버지가 형들보
다 그를 더 사랑함을 보고 그를 미워하여 그에게 편안하게 말할 수 없
었더라 5 요셉이 꿈을 꾸고 자기 형들에게 말하매 그들이 그를 더욱 미
워하였더라 6 요셉이 그들에게 이르되 청하건대 내가 꾼 꿈을 들으시
오 7 우리가 밭에서 곡식 단을 묶더니 내 단은 일어서고 당신들의 단은
내 단을 둘러서서 절하더이다 8 그의 형들이 그에게 이르되 네가 참으
로 우리의 왕이 되겠느냐 참으로 우리를 다스리게 되겠느냐 하고 그의
꿈과 그의 말로 말미암아 그를 더욱 미워하더니 9 요셉이 다시 꿈을 꾸
고 그의 형들에게 말하여 이르되 내가 또 꿈을 꾼즉 해와 달과 열한 별
이 내게 절하더이다 하니라 10 그가 그의 꿈을 아버지와 형들에게 말하

매 아버지가 그를 꾸짖고 그에게 이르되 네가 꾼 꿈이 무엇이냐 나와 네 어머니와 네
형들이 참으로 가서 땅에 엎드려 네게 절하겠느냐 11 그의 형들은 시기하되 그의 아
버지는 그 말을 간직해 두었더라 12 그의 형들이 세겜에 가서 아버지의 양 떼를 칠 때
에 13 이스라엘이 요셉에게 이르되 네 형들이 세겜에서 양을 치지 아니하느냐 너를 그
들에게로 보내리라 요셉이 아버지에게 대답하되 내가 그리하겠나이다 14 이스라엘이
그에게 이르되 가서 네 형들과 양 떼가 다 잘 있는지를 보고 돌아와 내게 말하라 하고
그를 헤브론 골짜기에서 보내니 그가 세겜으로 가니라 15 어떤 사람이 그를 만난즉 그
가 들에서 방황하는지라 그 사람이 그에게 물어 이르되 네가 무엇을 찾느냐 16 그가
이르되 내가 내 형들을 찾으오니 청하건대 그들이 양치는 곳을 내게 가르쳐 주소서 17
그 사람이 이르되 그들이 여기서 떠났느니라 내가 그들의 말을 들으니 도단으로 가자
하더라 하니라 요셉이 그의 형들의 뒤를 따라 가서 도단에서 그들을 만나니라 18 요셉
이 그들에게 가까이 오기 전에 그들이 요셉을 멀리서 보고 죽이기를 꾀하여 19 서로
이르되 꿈 꾸는 자가 오는도다 20 자, 그를 죽여 한 구덩이에 던지고 우리가 말하기를
악한 짐승이 그를 잡아먹었다 하자 그의 꿈이 어떻게 되는지를 우리가 볼 것이니라 하
는지라 21 르우벤이 듣고 요셉을 그들의 손에서 구원하려 하여 이르되 우리가 그의 생
명은 해치지 말자 22 르우벤이 또 그들에게 이르되 피를 흘리지 말라 그를 광야 그 구
덩이에 던지고 손을 그에게 대지 말라 하니 이는 그가 요셉을 그들의 손에서 구출하
여 그의 아버지에게로 돌려보내려 함이었더라 23 요셉이 형들에게 이르매 그의 형들
이 요셉의 옷 곧 그가 입은 채색옷을 벗기고 24 그를 잡아 구덩이에 던지니 그 구덩이
는 빈 것이라 그 속에 물이 없었더라 25 그들이 앉아 음식을 먹다가 눈을 들어 본즉 한
무리의 이스마엘 사람들이 길르앗에서 오는데 그 낙타들에 향품과 유향과 몰약을 싣
고 애굽으로 내려가는지라 26 유다가 자기 형제에게 이르되 우리가 우리 동생을 죽이
고 그의 피를 덮어둔들 무엇이 유익할까 27 자 그를 이스마엘 사람들에게 팔고 그에게
우리 손을 대지 말자 그는 우리의 동생이요 우리의 혈육이니라 하매 그의 형제들이 청
종하였더라 28 그 때에 미디안 사람 상인들이 지나가고 있는지라 형들이 요셉을 구덩
이에서 끌어올리고 은 이십에 그를 이스마엘 사람들에게 팔매 그 상인들이 요셉을 데
리고 애굽으로 갔더라 29 르우벤이 돌아와 구덩이에 이르러 본즉 거기 요셉이 없는지
라 옷을 찢고 30 아우들에게로 되돌아와서 이르되 아이가 없도다 나는 어디로 갈까

건너 뛴 장 요약

35장

야곱의 열두 아들과 이삭의 죽음

36장

에서의 가족들과 에서의 족장들 에돔의 왕들 목록

말씀 돋보기 - 관찰

1 야곱은 아버지로서 자녀들과의 관계에서 어떻게 행동했고, 그것은 어떤 결과를 초래했는가?

요셉(2절):

아버지(3절):

형들(4절):

Tip

야곱은 요셉을 더 사랑하여 채색옷을 지어 입혔고, 요셉은 형들의 잘못을 아버지에게 말하였다. 형들은 야곱이 요셉을 더 사랑하므로 그를 미워하였다. 야곱은 형제들간의 불신을 조장하는 아버지였다. 자녀들을 편애했고, 자신의 이익을 위해 요셉의 고자질을 이용하여 형제들을 책망하거나 혼내기도 했다. 야곱의 행위에는 두 가지 문제점을 갖고 있다. 첫째 야곱은 요셉이 형들의 과오를 고자질하는 것을 막지 않았다. 둘째, 야곱은 요셉을 지나치게 편애했다. 이러한 아버지의 처사에 형들은 요셉을 더욱더 미워했다.

- **채색옷에 대한 해석**
  1) 색동옷
  2) 화려한 옷
  3) 다른 옷들보다 훨씬 길어서 자태를 드러내는 예복

2 요셉은 두 개의 꿈을 꾸었다. 요셉의 두 번째 꿈에 대한 야곱의 반응은 어떠했는가?(창 37:11)

Tip

첫 번째 꿈은 형들의 단이 요셉의 단에게 절을 했고, 두 번째 꿈은 해와 달과 별 열한 개가 절했다. 이것은 온 집안이 그를 섬기게 될 것이라는 의미이다. 야곱은 요셉을 나무라면서도 그의 말을 마음에 두었다. 훗날 요셉의 형들에게서 '요셉이 짐승들에게 찢겨 죽은 것 같습니다'라는 말을 들은 후에도 야곱은 이 꿈을 기억하며 그가 살아 있을 것이라는 믿음을 갖게 된다.

이스라엘 사람들이 꿈을 해몽하는 기술을 배운 것은 기록되어 있지 않다. 성경은 이스라엘 사람들이 꿈을 해몽하는 은사를 지녔음을 암시한다. 요셉이 유사한 내용으로 두 번의 꿈을 꾼 점은, 꿈을 통해 암시된 일들이 반드시 실현될 것이라는 확신을 갖게 한다.

〈요셉과 꿈〉

	꿈 내용	해석	성구(창세기)
가나안 땅	형들의 곡식 단이 요셉의 단을 둘러서서 절함	요셉이 형들을 다스리게 됨	37:5-8
	해와 달과 열한 별이 요셉에게 절함	부모 및 형제들이 요셉을 경배하게 됨	37:9-11
감옥	세 가지가 있는 포도나무의 포도로 잔에 즙을 짜 바로에게 바침	3일 후 복직	40:9-13
	머리에 이고 있는 세 광주리의 떡을 새가 먹음	3일 후 사형	40:16-19
왕궁	살진 암소 일곱 마리가 흉악한 암소 일곱 마리에게 먹힘	7년의 풍년과 7년의 흉년	41:17-21
	무성한 일곱 이삭이 쇠약하고 마른 일곱 이삭에게 먹힘	7년의 풍년과 7년의 흉년	41:22-24

3 형들이 요셉을 미워하는 이유는 무엇인가?(창 37:2, 4, 5, 8, 11, 19)

Tip 형들이 요셉을 미워한 이유는 첫째는 어머니가 다른 이복동생이요, 둘째는 고자질하는 녀석이었고 셋째, 아버지의 총애를 다 받고 있었으며 넷째, 형들을 지배하는 꿈을 꾸었다고 떠들고 다녔기 때문이다. 그러니 형들이 요셉을 미워한 것을 충분히 이해할 수 있다.

4 형들의 음모는 무엇이었는가?(창 37:19-20, 21, 26-27)

형들: ....

....

르우벤: ....

....

유다: ....

....

Tip 형들의 음모는 이러했다. 요셉을 구덩이에 처넣어 죽이고 아버지에게는 짐승이 그를 잡아 먹었다고 하자는 것이었다. 그러나 르우벤은 생각이 달랐다. 상황을 봐서 요셉을 살려 아버지에게 보낼 계획이었다. 반면 유다는 지나가는 상인들을 보고 형제들에게 요셉을 죽이느니 차라리 노예로 팔자고 제안한다. 르우벤은 요셉을 살려 아버지에게 돌려 보내려고 했지만 형제들을 설득하는 데 실패했다. 웅덩이에 갇혀 죽게 된 요셉은 유다에 의해 죽음만은 면하게 되었다. 이 사건은 앞으로 온 이스라엘을 통치하게 될 지파의 선조인 유다가 벌써부터 형제들 사이에서 리더십을 발휘하고 있는 모습을 보여 준다.

삶의 내비게이션 - 적용

1 야곱은 요셉과 다른 아들들을 편애한다. 이 일로 요셉과 형제들의 관계는 원만하지 못했다. 당신이 혹시 부모님께 속상했던 일이나 형제들에게 마음에 쌓인 불만이 있다면 무엇인가?

관찰문제 1번 참고.

2 당신이 겉으로는 아니다 하면서도 마음에 새겨 놓은 것이 있다면 그것은 무엇인가?

관찰문제 4번 참고.

3 당신의 은사를 활용하는데 있어서 절제하거나 지혜롭게 행해야 하는 것은 무엇이 있는가?

관찰문제 3번 참고.

생활의 아로마 - 실천

고난과 임마누엘

제8주

창세기 39:1-23

복습

1 야곱은 아버지로서 자녀들과의 관계에서 어떻게 행동했고, 그것은 어떤 결과를 초래했는가?

요셉(2절):

아버지(3절):

형들(4절):

창세기 39:1-23

39:1 요셉이 이끌려 애굽에 내려가매 바로의 신하 친위대장 애굽 사람 보디발이 그를
그리로 데려간 이스마엘 사람의 손에서 요셉을 사니라 2 여호와께서 요셉과 함께 하
시므로 그가 형통한 자가 되어 그의 주인 애굽 사람의 집에 있으니 3 그의 주인이 여
호와께서 그와 함께 하심을 보며 또 여호와께서 그의 범사에 형통하게 하심을 보았더
라 4 요셉이 그의 주인에게 은혜를 입어 섬기매 그가 요셉을 가정 총무로 삼고 자기의
소유를 다 그의 손에 위탁하니 5 그가 요셉에게 자기의 집과 그의 모든 소유물을 주관
하게 한 때부터 여호와께서 요셉을 위하여 그 애굽 사람의 집에 복을 내리시므로 여
호와의 복이 그의 집과 밭에 있는 모든 소유에 미친지라 6 주인이 그의 소유를 다 요
셉의 손에 위탁하고 자기가 먹는 음식 외에는 간섭하지 아니하였더라 요셉은 용모가
빼어나고 아름다웠더라 7 그 후에 그의 주인의 아내가 요셉에게 눈짓하다가 동침하기
를 청하니 8 요셉이 거절하며 자기 주인의 아내에게 이르되 내 주인이 집안의 모든 소
유를 간섭하지 아니하고 다 내 손에 위탁하였으니 9 이 집에는 나보다 큰 이가 없으며
주인이 아무것도 내게 금하지 아니하였어도 금한 것은 당신뿐이니 당신은 그의 아내
임이라 그런즉 내가 어찌 이 큰 악을 행하여 하나님께 죄를 지으리이까 10 여인이 날
마다 요셉에게 청하였으나 요셉이 듣지 아니하여 동침하지 아니할 뿐더러 함께 있지
도 아니하니라 11 그러할 때에 요셉이 그의 일을 하러 그 집에 들어갔더니 그 집 사람
들은 하나도 거기에 없었더라 12 그 여인이 그의 옷을 잡고 이르되 나와 동침하자 그
러나 요셉이 자기의 옷을 그 여인의 손에 버려두고 밖으로 나가매 13 그 여인이 요셉
이 그의 옷을 자기 손에 버려두고 도망하여 나감을 보고 14 그 여인의 집 사람들을 불
러서 그들에게 이르되 보라 주인이 히브리 사람을 우리에게 데려다가 우리를 희롱하
게 하는도다 그가 나와 동침하고자 내게로 들어오므로 내가 크게 소리 질렀더니 15 그
가 나의 소리 질러 부름을 듣고 그의 옷을 내게 버려두고 도망하여 나갔느니라 하고
16 그의 옷을 곁에 두고 자기 주인이 집으로 돌아오기를 기다려 17 이 말로 그에게 말
하여 이르되 당신이 우리에게 데려온 히브리 종이 나를 희롱하려고 내게로 들어왔으
므로 18 내가 소리 질러 불렀더니 그가 그의 옷을 내게 버려두고 밖으로 도망하여 나
갔나이다 19 그의 주인이 자기 아내가 자기에게 이르기를 당신의 종이 내게 이같이 행
하였다 하는 말을 듣고 심히 노한지라 20 이에 요셉의 주인이 그를 잡아 옥에 가두니
그 옥은 왕의 죄수를 가두는 곳이었더라 요셉이 옥에 갇혔으나 21 여호와께서 요셉과
함께 하시고 그에게 인자를 더하사 간수장에게 은혜를 받게 하시매 22 간수장이 옥중
죄수를 다 요셉의 손에 맡기므로 그 제반 사무를 요셉이 처리하고 23 간수장은 그의
손에 맡긴 것을 무엇이든지 살펴보지 아니하였으니 이는 여호와께서 요셉과 함께 하
심이라 여호와께서 그를 범사에 형통하게 하셨더라

건너 뛴 창세기 38장 요약

약속을 지키지 않은 유다와 창녀로 가장한 며느리 다말의 이야기

말씀 돋보기 - 관찰

1 요셉이 애굽왕 바로의 신하 친위대장의 집에서 가정총무가 될 수 있었던 이유는 무엇이며, 감옥에서 간수장의 은혜를 입게 된 이유는 무엇인가?(창 39:2-5, 21-23)

a)

b)

c)

Tip 요셉은 주인의 총애를 받게 되어 그 집의 모든 것을 관리하게 된다. 요셉이 신임을 얻을 수 있었던 이유는 요셉이 열심히 일했기 때문이며, 하나님께서 그와 함께 하시면서 그가 하는 모든 일을 축복해 주셨기 때문이다. 요셉이 처한 상황은 바뀌었지만, 하나님과 요셉과의 관계는 바뀌지 않았다.
또한 하나님께서 감옥에 갇혀 있는 요셉과 함께 하시니 그로 인해 감옥의 분위기가 바뀌었다. 보디발의 집에 거할 때 주인의 신임을 얻었던 것처럼 감옥에서도 간수들의 절대적인 신임을 얻게 되었다. 그래서 요셉은 감옥의 모든 일을 도맡아 하게 되었다. 이 모든 일은 여호와께서 요셉과 함께 하셨기 때문에 가능한 일이었다.

2 요셉이 매일 유혹하는 주인의 아내의 유혹을 뿌리친 두 가지 이유는 무엇인가?(창 39:9)

a)

b)

Tip 첫째, 요셉은 안주인의 청을 들어주는 것은 바깥주인 보디발에 대한 배신이라고 단정했다. 요셉은 주인이 그에게 베푼 신임을 결코 저버릴 수 없으며 생명을 걸고라도 그 신임에 부응하는 삶을 살아야 한다는 것을 알고 있었다.
둘째, 요셉이 안주인의 청에 응하는 것은 곧 하나님께 범죄하는 일이라는 사실을 깨닫고 있었다. 모든 것을 아시는 하나님 앞에 순결하게 살고자 했던 요셉의 마음이 잘 드러나고 있다.

3 여주인의 유혹에 요셉의 옷이 벗겨지는데 이 일은 요셉의 과거를 연상케 한다. 어떤 일이 있었는가?(창 39:12)

Tip 여주인의 유혹을 거부하자 요셉의 옷을 붙잡았고, 요셉은 옷을 그녀의 손에 남겨둔 채 밖으로 도망쳤다. 요셉의 겉옷을 빼앗은 보디발의 아내는 오래 전 요셉의 채색 옷을 빼앗았던 형들을 연상케 한다(37:33).

4 여주인의 요청에 요셉은 어떻게 행동했는가?(창 39:10, 12)

Tip 요셉은 여주인의 유혹에 그녀와 함께 있지도 않았고, 자기 옷을 그 여인의 손에 버려두고서라도 밖으로 나갔다. 요셉은 그녀와 함께 있는 것을 거부함으로 죄에 기회를 주지 않으려고 했다. "복 있는 사람은 악인의 꾀를 좇지 아니하며 죄인의 길에 서지 아니하며 오만한 자의 자리에 앉지 아니하고"(시1:1) 말씀처럼 요셉은 죄인의 길에 서지 않으려고 노력했으며, 그 자리에 앉지도 않으려는 모습을 보여준다. 그러므로 요셉은 복 있는 사람이며 의인이라고 할 수 있다.

5 노예의 신분이었던 요셉은 보디발의 아내로 말미암아 어떻게 되었는가?(창 39:17-20)

Tip

보디발의 아내의 고소로 요셉은 감옥에 감금되었다. 보디발은 요셉을 처형할 수 있는 권한 있었고, 당시 정서로는 안주인을 범하려 한 노예는 가차없이 처형당하는 것이 기정 사실이었다. 그런데 보디발이 요셉을 죽이지 않고 감옥에 감금한 것은 예외적인 일이다. 특히 요셉이 갇힌 감옥은 바로의 감옥으로 정치범들이 지내는 곳이었다. 이렇게 볼 때 보디발은 그의 아내를 의심했다고 가정할 수 있다.

삶의 내비게이션 - 적용

1 보디발의 아내는 빼어나고 아름다운 요셉에게 끌린 듯 하다. 만일 당신이 요셉과 같은 이성에게 끌린다면 어떤 점이 끌리겠는가?

창 39:6 참고.

2 요셉은 육체는 매여 있는 노예였지만 마음은 하나님께 향한 자유인이었다. 반면 보디발의 아내는 몸은 자유인이었으나 마음은 욕망의 노예였다. 지금 당신을 사로 잡고 있는 생각은 무엇인가?

관찰문제 2번, 4번 참고.

3 요셉이 노예가 된 것이나 감옥에 갇힌 것은 애통한 일이었으나 성경은 그가 형통했다고 기록하고 있다. 당신이 생각하는 형통의 정의는 무엇인가?

관찰문제 1번 참고.

생활의 아로마 - 실천

제9주

쨍하고 해 뜰 날

창세기 41:37–57

복습

1 요셉이 애굽왕 바로의 신하 친위대장의 집에서 가정총무가 될 수 있었던 이유는 무엇이며, 감옥에서 간수장의 은혜를 입게 된 이유는 무엇인가?(창 39:2-5, 21-23)

....

....

....

....

창세기 41:37–57

41:37 바로와 그의 모든 신하가 이 일을 좋게 여긴지라 38 바로가 그의
신하들에게 이르되 이와 같이 하나님의 영에 감동된 사람을 우리가 어
찌 찾을 수 있으리요 하고 39 요셉에게 이르되 하나님이 이 모든 것을
네게 보이셨으니 너와 같이 명철하고 지혜 있는 자가 없도다 40 너는
내 집을 다스리라 내 백성이 다 네 명령에 복종하리니 내가 너보다 높
은 것은 내 왕좌뿐이니라 41 바로가 또 요셉에게 이르되 내가 너를 애
굽 온 땅의 총리가 되게 하노라 하고 42 자기의 인장 반지를 빼어 요셉
의 손에 끼우고 그에게 세마포 옷을 입히고 금 사슬을 목에 걸고 43 자
기에게 있는 버금 수레에 그를 태우매 무리가 그의 앞에서 소리 지르
기를 엎드리라 하더라 바로가 그에게 애굽 전국을 총리로 다스리게 하
였더라 44 바로가 요셉에게 이르되 나는 바로라 애굽 온 땅에서 네 허

락이 없이는 수족을 놀릴 자가 없으리라 하고 45 그가 요셉의 이름을 사브낫바네아라
하고 또 온의 제사장 보디베라의 딸 아스낫을 그에게 주어 아내로 삼게 하니라 요셉
이 나가 애굽 온 땅을 순찰하니라 46 요셉이 애굽 왕 바로 앞에 설 때에 삼십 세라 그
가 바로 앞을 떠나 애굽 온 땅을 순찰하니 47 일곱 해 풍년에 토지 소출이 심히 많은지
라 48 요셉이 애굽 땅에 있는 그 칠 년 곡물을 거두어 각 성에 저장하되 각 성읍 주위
의 밭의 곡물을 그 성읍 중에 쌓아 두매 49 쌓아 둔 곡식이 바다 모래 같이 심히 많아
세기를 그쳤으니 그 수가 한이 없음이었더라 50 흉년이 들기 전에 요셉에게 두 아들이
나되 곧 온의 제사장 보디베라의 딸 아스낫이 그에게서 낳은지라 51 요셉이 그의 장남
의 이름을 므낫세라 하였으니 하나님이 내게 내 모든 고난과 내 아버지의 온 집 일을
잊어버리게 하셨다 함이요 52 차남의 이름을 에브라임이라 하였으니 하나님이 나를
내가 수고한 땅에서 번성하게 하셨다 함이었더라 53 애굽 땅에 일곱 해 풍년이 그치고
54 요셉의 말과 같이 일곱 해 흉년이 들기 시작하매 각국에는 기근이 있으나 애굽 온
땅에는 먹을 것이 있더니 55 애굽 온 땅이 굶주리매 백성이 바로에게 부르짖어 양식을
구하는지라 바로가 애굽 모든 백성에게 이르되 요셉에게 가서 그가 너희에게 이르는
대로 하라 하니라 56 온 지면에 기근이 있으매 요셉이 모든 창고를 열고 애굽 백성에
게 팔새 애굽 땅에 기근이 심하며 57 각국 백성도 양식을 사려고 애굽으로 들어와 요
셉에게 이르렀으니 기근이 온 세상에 심함이었더라

건너 뛴 장 요약

40장

요셉이 감옥에서 바로의 술 맡은 자와 떡 굽는 자의 꿈을 해석

41:1-36

술 맡은 관원장이 요셉을 잊고 있다가 2년 후 바로의 꿈 해석을 위해 기억함

말씀 돋보기 - 관찰

1 요셉은 바로와 그의 신하들에게 어떤 칭송을 받았는가?(창 41:39)

Tip

바로와 그의 신하들은 요셉의 꿈 해몽과 제안을 듣고 큰 감동을 받았다. 그래서 요셉을 '하나님의 영'에 감동된 사람이라고 극찬했으며, 지혜와 명철이 있는 자라고 칭송했다. 성경에서 '하나님의 영에 감동된 자'로 묘사되는 사례는 요셉이 처음이다. 바로가 요셉의 능력을 인정했을 뿐만 아니라 요셉이 주장한 대로 하나님께서 그와 함께 하심을 인정하게 된 것이다.

2 바로는 요셉을 애굽 총리로 세우면서 무엇을 주었는가?(창 41:42-43)

Tip

〈요셉에게 준 바로의 하사품과 권위〉

하사품	상징	용도 및 의미
인장 반지	왕의 권위	칙령이나 문서를 왕의 이름으로 만들어 보낼 때 필요
세마포	총리의 옷	특별한 사람들만 입는 옷
금 목걸이	부귀를 얻음	누구를 환영하거나 높은 지위로 임명할 때
버금 수레	왕의 전용 리무진	모든 사람들이 요셉을 대할 때 바로를 대하듯이
권위 부여	절대적 권위	애굽 땅에서 요셉의 허락 없이는 수족을 놀릴 자 없음

위와 같은 것을 받았지만 이것은 부수적인 것이고, 가장 큰 축복은 하나님께서 함께 하심이다.

3 바로가 요셉에게 준 이름은 무엇이었으며, 요셉이 바로 앞에 설 때 나이는 몇 세였는가?(창 41:45, 46)

Tip 바로는 자신이 숭배하는 신을 염두에 두고 요셉에게 '사브낫바네아'라는 이름을 주었다. 그러나 여호와를 믿는 요셉에게 이 이름은 해몽과 제안을 통해 하나님의 말씀을 대언한 하나님의 살아계심을 보여준 일에 대한 간증을 뜻하는 의미있는 이름이다. 요셉의 나이 30세였고, 이집트로 팔려 온지 14년째 되던 해였다. 하나님께서 가장 낮은 자(노예-죄인)였던 요셉을 가장 존귀한 자로 한순간에 승진시키셨다.

〈이름과 의미〉

이름		의미
요셉	사브낫바네아	하나님께서 말씀하셨고 그는 살아계신다
아내	아스낫	여신 낫에 속한 여자
첫째 아들	므낫세	하나님이 내게 내 모든 고난과 내 아버지의 온 집 일을 잊어 버리게 하셨다
둘째 아들	에브라임	하나님이 나를 내가 수고한 땅에서 번성하게 하셨다

4 요셉의 아들의 이름은 그의 신앙고백과 같다. 그 의미는 무엇인가?(창 41:51, 52)

므낫세 :

에브라임 :

Tip 므낫세는 "하나님이 내게 내 모든 고난과 내 아버지의 온 집 일을 잊어 버리게 하셨다"이며, 둘째 아들 에브라임은 "하나님이 나를 내가 수고한 땅에서 번성하게 하셨다"라는 의미를 가지고 있다.

5 요셉의 흉년 대처법은 무엇이었는가?(창 41:47-49, 55-57)

풍년시:

흉년시:

Tip

요셉은 풍년이 든 7년 동안 곡식을 거두어 들여 여러 성읍에 저장해 두었다. 저장했던 양이 얼마나 많았는지 나중에는 계산이 되지 않을 정도였다. 그리고 흉년이 시작되던 해부터 쌓아 둔 곡식을 풀기 시작했다. 요셉은 모든 백성에게 곡식을 팔았고, 이집트뿐만 아니라 온 지역에 기근이 들어 인접 국가들에서도 이집트로 식량을 사러 왔다. 요셉의 지혜로운 대책은 국제 무대에서 이집트의 위치가 부상하고 또한 동시에 많은 부를 누릴 수 있게 하는 일석이조의 결과를 가져왔다.

삶의 내비게이션 - 적용

1 요셉은 아침에는 감옥에서 죄수로 깨어났다가 저녁에는 이집트의 국무총리로 하루를 마감한다. 당신은 어떤 모습으로 변하고 싶은가?

관찰문제 2번 참고.

2 요셉은 가는 곳마다 최선을 다해서 열심히 일했고, 좋은 평가를 받았다. 당신은 다른 사람들에게 어떻게 묘사되고 있으며, 어떻게 일하고 있는가?

관찰문제 1번 참고.

3 모든 사람은 축복과 번영을 바라지만 요셉처럼 형들에 의해 물구덩이로 내려가고, 노예가 되어 이집트로 내려가고, 다시 죄인이 되어 감옥으로 내려가기도 한다. 그러나 우리는 요셉의 인생이 결국에는 올라간다는 것을 알고 있다. 이 사실이 당신에게 주는 소망은 무엇인가?

관찰문제 2번, 3번 참고.

생활의 아로마 - 실천

한 사람 여기

창세기 42:1–25

복습

1 요셉은 바로와 그의 신하들에게 어떤 칭송을 받았는가? (창 41:39)

....

....

창세기 42:1–25

42:1 그 때에 야곱이 애굽에 곡식이 있음을 보고 아들들에게 이르되 너
희는 어찌하여 서로 바라보고만 있느냐 2 야곱이 또 이르되 내가 들은
즉 저 애굽에 곡식이 있다 하니 너희는 그리로 가서 거기서 우리를 위
하여 사오라 그러면 우리가 살고 죽지 아니하리라 하매 3 요셉의 형 열
사람이 애굽에서 곡식을 사려고 내려갔으나 4 야곱이 요셉의 아우 베
냐민은 그의 형들과 함께 보내지 아니하였으니 이는 그의 생각에 재난
이 그에게 미칠까 두려워함이었더라 5 이스라엘의 아들들이 양식 사
러 간 자 중에 있으니 가나안 땅에 기근이 있음이라 6 때에 요셉이 나
라의 총리로서 그 땅 모든 백성에게 곡식을 팔더니 요셉의 형들이 와서
그 앞에서 땅에 엎드려 절하매 7 요셉이 보고 형들인 줄을 아나 모르는
체하고 엄한 소리로 그들에게 말하여 이르되 너희가 어디서 왔느냐 그
들이 이르되 곡물을 사려고 가나안에서 왔나이다 8 요셉은 그의 형들
을 알아보았으나 그들은 요셉을 알아보지 못하더라 9 요셉이 그들에게
대하여 꾼 꿈을 생각하고 그들에게 이르되 너희는 정탐꾼들이라 이 나
라의 틈을 엿보려고 왔느니라 10 그들이 그에게 이르되 내 주여 아니니

이다 당신의 종들은 곡물을 사러 왔나이다 [11] 우리는 다 한 사람의 아들들로서 확실한
자들이니 당신의 종들은 정탐꾼이 아니니이다 [12] 요셉이 그들에게 이르되 아니라 너
희가 이 나라의 틈을 엿보러 왔느니라 [13] 그들이 이르되 당신의 종 우리들은 열두 형
제로서 가나안 땅 한 사람의 아들들이라 막내 아들은 오늘 아버지와 함께 있고 또 하
나는 없어졌나이다 [14] 요셉이 그들에게 이르되 내가 너희에게 이르기를 너희는 정탐
꾼들이라 한 말이 이것이니라 [15] 너희는 이같이 하여 너희 진실함을 증명할 것이라 바
로의 생명으로 맹세하노니 너희 막내 아우가 여기 오지 아니하면 너희가 여기서 나가
지 못하리라 [16] 너희 중 하나를 보내어 너희 아우를 데려오게 하고 너희는 갇히어 있
으라 내가 너희의 말을 시험하여 너희 중에 진실이 있는지 보리라 바로의 생명으로 맹
세하노니 그리하지 아니하면 너희는 과연 정탐꾼이니라 하고 [17] 그들을 다 함께 삼 일
을 가두었더라 [18] 사흘 만에 요셉이 그들에게 이르되 나는 하나님을 경외하노니 너희
는 이같이 하여 생명을 보전하라 [19] 너희가 확실한 자들이면 너희 형제 중 한 사람만
그 옥에 갇히게 하고 너희는 곡식을 가지고 가서 너희 집안의 굶주림을 구하고 [20] 너
희 막내 아우를 내게로 데리고 오라 그러면 너희 말이 진실함이 되고 너희가 죽지 아
니하리라 하니 그들이 그대로 하니라 [21] 그들이 서로 말하되 우리가 아우의 일로 말
미암아 범죄하였도다 그가 우리에게 애걸할 때에 그 마음의 괴로움을 보고도 듣지 아
니하였으므로 이 괴로움이 우리에게 임하도다 [22] 르우벤이 그들에게 대답하여 이르되
내가 너희에게 그 아이에 대하여 죄를 짓지 말라고 하지 아니하였더냐 그래도 너희가
듣지 아니하였느니라 그러므로 그의 핏값을 치르게 되었도다 하니 [23] 그들 사이에 통
역을 세웠으므로 그들은 요셉이 듣는 줄을 알지 못하였더라 [24] 요셉이 그들을 떠나가
서 울고 다시 돌아와서 그들과 말하다가 그들 중에서 시므온을 끌어내어 그들의 눈 앞
에서 결박하고 [25] 명하여 곡물을 그 그릇에 채우게 하고 각 사람의 돈은 그의 자루에
도로 넣게 하고 또 길 양식을 그들에게 주게 하니 그대로 행하였더라

말씀 돋보기 - 관찰

1 야곱이 아들들을 애굽으로 보내면서 베냐민을 보내지 않은 이유는 무엇인가?(창 42:4)

....

....

....

Tip 베냐민은 야곱이 사랑했던 라헬의 아들로, 아버지의 각별한 사랑을 받았다. 야곱은 이미 요셉을 잃은 상황에서 만의 하나 베냐민도 잘못될까봐 걱정되었을 것이다. 저자는 야곱이 요셉의 묘연한 행방에 대해 다른 아들들이 연루되어 있음을 조금이나마 의심하고 있다는 것을 암시하고 있다. 그가 아들들에게 하는 말을 잘 살펴보면 '나는 너희들이 베냐민에게 무슨 짓을 할까봐 못 믿겠다'라는 뉘앙스가 내포되어 있다. 베냐민은 야곱이 가나안 땅으로 돌아온 후에 태어난 것을 감안하면 아마도 25-30세 정도였을 것으로 생각된다.

2 요셉의 형들은 20여 년 만에 완전히 변한 요셉을 알아보지 못했다. 형들이 요셉에게 절을 하자 요셉이 생각한 것은 무엇인가?(창 42:9)

....

....

....

Tip 요셉의 형들은 이집트에 도착하여 곡식을 사려고 총리를 찾아 요셉에게 큰 절을 했다. 요셉은 형들을 알아보았지만 그들은 총리가 요셉인 줄은 꿈에도 생각하지 못했으며, 그를 보고도 알아보지 못했다. 요셉의 이름도 바뀌었고, 의상도 바뀌었고, 심지어는 머리 스타일까지 바뀐데다가 이집트어를 사용하고 있었으니 형들이 그를 알아보지 못하는 것은 당연한 일이었다. 요셉은 자기에게 절하는 형들을 보자 옛날에 꾸었던 꿈이 생각났다. 형제들이 20여 년 전 동생 요셉을 상인들에게 팔아 성취되는 것을 막으려 했던 그 꿈을 자신들도 모르게 조금씩 성취시키고 있는 것이다.

3 요셉은 형들을 정탐꾼으로 몰면서 반증할 수 있는 방법을 제시하는데, 그것은 무엇인가?(창 42:15)

Tip

요셉은 그들에게 자신들이 정탐꾼이 아니라는 것을 입증하는 길은 오직 한 가지라고 했다. 그들이 더 이상 자신들과 함께 있지 않다고 말한 형제는 어쩔 수 없지만, 집에 두고 왔다고 한 형제 막내 아우를 이집트로 데려오라는 것이다. 이 이야기는 한 사람의 중요성을 중심으로 전개되고 있다. 다음의 예를 보라.

- **한 사람**

한 사람만 고향으로 돌아가라
한 형제를 데리고 오라
한 사람만 인질로 남아라(19–20)
하나만 죽었다(14)
노예로 팔아버린 한 형제(21)
한 동생이 울었다(24)

4 베냐민을 데려오라는 제안에 형들이 더 괴로워 한 이유는 무엇인가? (창 42:4, 21)

a)

b)

Tip

요셉의 절충안을 듣고 난 형들은 안도의 한숨을 쉬는 것이 아니라 오히려 더 큰 일을 당한 것처럼 괴로워하며, 마음속에 쌓여 있던 지난 날에 대한 죄책감을 털어 놓는다. 이들이 베냐민을 데려오라는 요셉의 제안에 괴로워 한 이유는 첫째 베냐민을 데려온 후 어떤 일이 일어날지 모르기 때문이다. 만약 요셉이 다른 꼬투리를 잡아 베냐민을 보내지 않거나 그들 모두를 처형한다고 해도 말릴 사람은 없다. 둘째 야곱이 베냐민을 보내 주지 않을 것이라는 생각이 지배적이다. 그들은 야곱이 자신들을 믿지 못하고 또한 베냐민을 끔찍하게 사랑하기 때문에 그를 쉽게 보내지 않을 것임을 잘 알고 있었다.

5 요셉을 판 일에 대해서 르우벤과 형제들의 대화를 볼 때 지난 20여 년간의 그들의 마음은 어떠했겠는가?(창 42:21-22)

Tip

요셉의 형제들은 요셉을 팔아 넘긴 것은 사실이지만 그 이후 그들은 모두 죄책감에 시달렸다. 어려운 일이 생길 때마다 마치 요셉의 일에 대한 대가를 치르는 것으로 생각해 왔을 것이다. 이들은 순간적으로 동생이 미워서 그를 팔아 넘겼지만 그들에게도 양심이 남아있어서 지난 20여 년의 세월이 결코 마음 편한 시간은 아니었으며 언제나 조마조마했을 것이다.

삶의 내비게이션 - 적용

1 형들은 요셉의 변한 모습을 알아보지 못했다. 당신의 20년(혹은 10년) 전과 비교해 봤을 때 가장 큰 변화는 무엇인가?

관찰문제 2번 참고.

2 치유를 위해 건강한 울음은 필요하다. 당신은 울고 싶은데 절제하고 있는 것이 있는가?

창 42:24 참고.

3 형들은 20여 년 전의 죄로 인해 후회하고 괴로워한다. 당신이 20여 년 후에 후회하지 않으려면 절제해야 하는 것은 무엇인가?

관찰문제 5번 참고.

생활의 아로마 - 실천

더불어 사는 세상

창세기 45:1-28

복습

1 요셉을 판 일에 대해서 르우벤과 형제들의 대화를 볼 때 지난 20여 년 간의 그들의 마음은 어떠했겠는가?(창 42:21-22)

창세기 45:1-28

45:1 요셉이 시종하는 자들 앞에서 그 정을 억제하지 못하여 소리 질
러 모든 사람을 자기에게서 물러가라 하고 그 형제들에게 자기를 알리
니 그 때에 그와 함께 한 다른 사람이 없었더라 2 요셉이 큰 소리로 우
니 애굽 사람에게 들리며 바로의 궁중에 들리더라 3 요셉이 그 형들에
게 이르되 나는 요셉이라 내 아버지께서 아직 살아 계시니이까 형들이
그 앞에서 놀라서 대답하지 못하더라 4 요셉이 형들에게 이르되 내게
로 가까이 오소서 그들이 가까이 가니 이르되 나는 당신들의 아우 요셉
이니 당신들이 애굽에 판 자라 5 당신들이 나를 이 곳에 팔았다고 해서
근심하지 마소서 한탄하지 마소서 하나님이 생명을 구원하시려고 나
를 당신들보다 먼저 보내셨나이다 6 이 땅에 이 년 동안 흉년이 들었으
나 아직 오 년은 밭갈이도 못하고 추수도 못할지라 7 하나님이 큰 구원
으로 당신들의 생명을 보존하고 당신들의 후손을 세상에 두시려고 나
를 당신들보다 먼저 보내셨나니 8 그런즉 나를 이리로 보낸 이는 당신
들이 아니요 하나님이시라 하나님이 나를 바로에게 아버지로 삼으시고
그 온 집의 주로 삼으시며 애굽 온 땅의 통치자로 삼으셨나이다 9 당신

들은 속히 아버지께로 올라가서 아뢰기를 아버지의 아들 요셉의 말에 하나님이 나를
애굽 전국의 주로 세우셨으니 지체 말고 내게로 내려오사 10 아버지의 아들들과 아버
지의 손자들과 아버지의 양과 소와 모든 소유가 고센 땅에 머물며 나와 가깝게 하소서
11 흉년이 아직 다섯 해가 있으니 내가 거기서 아버지를 봉양하리이다 아버지와 아버
지의 가족과 아버지께 속한 모든 사람에게 부족함이 없도록 하겠나이다 하더라고 전
하소서 12 당신들의 눈과 내 아우 베냐민의 눈이 보는 바 당신들에게 이 말을 하는 것
은 내 입이라 13 당신들은 내가 애굽에서 누리는 영화와 당신들이 본 모든 것을 다 내
아버지께 아뢰고 속히 모시고 내려오소서 하며 14 자기 아우 베냐민의 목을 안고 우니
베냐민도 요셉의 목을 안고 우니라 15 요셉이 또 형들과 입맞추며 안고 우니 형들이
그제서야 요셉과 말하니라 16 요셉의 형들이 왔다는 소문이 바로의 궁에 들리매 바로
와 그의 신하들이 기뻐하고 17 바로는 요셉에게 이르되 네 형들에게 명령하기를 너희
는 이렇게 하여 너희 양식을 싣고 가서 가나안 땅에 이르거든 18 너희 아버지와 너희
가족을 이끌고 내게로 오라 내가 너희에게 애굽의 좋은 땅을 주리니 너희가 나라의 기
름진 것을 먹으리라 19 이제 명령을 받았으니 이렇게 하라 너희는 애굽 땅에서 수레를
가져다가 너희 자녀와 아내를 태우고 너희 아버지를 모셔 오라 20 또 너희의 기구를
아끼지 말라 온 애굽 땅의 좋은 것이 너희 것임이니라 21 이스라엘의 아들들이 그대로
할새 요셉이 바로의 명령대로 그들에게 수레를 주고 길 양식을 주며 22 또 그들에게
다 각기 옷 한 벌씩을 주되 베냐민에게는 은 삼백과 옷 다섯 벌을 주고 23 그가 또 이
와 같이 그 아버지에게 보내되 수나귀 열 필에 애굽의 아름다운 물품을 실리고 암나귀
열 필에는 아버지에게 길에서 드릴 곡식과 떡과 양식을 실리고 24 이에 형들을 돌려보
내며 그들에게 이르되 당신들은 길에서 다투지 말라 하였더라 25 그들이 애굽에서 올
라와 가나안 땅으로 들어가서 아버지 야곱에게 이르러 26 알리어 이르되 요셉이 지금
까지 살아 있어 애굽 땅 총리가 되었더이다 야곱이 그들의 말을 믿지 못하여 어리둥절
하더니 27 그들이 또 요셉이 자기들에게 부탁한 모든 말로 그에게 말하매 그들의 아버
지 야곱은 요셉이 자기를 태우려고 보낸 수레를 보고서야 기운이 소생한지라 28 이스
라엘이 이르되 족하도다 내 아들 요셉이 지금까지 살아 있으니 내가 죽기 전에 가서
그를 보리라 하니라

건너 뛴 장 요약

43장
요셉의 형제들이 두 번째 이집트에 도착하여 요셉을 만남

44장
떠나는 형들을 테스트하는 요셉과 베냐민을 대신하고자 하는 유다의 이야기

말씀 돋보기 - 관찰

1 자신의 신분을 밝힌 요셉은 형들을 안심시키기 위해서 어떻게 말했는가?(창 45:5)

Tip

감정을 억제하지 못하고 한참 동안을 울던 요셉은 형들에게 자신의 정체를 밝힌다. 그리고 "하나님이 큰 구원으로 당신들의 생명을 보존하고 당신들의 후손을 세상에 두시려고 나를 당신들보다 먼저 보내셨다"라고 말한다. 요셉은 모두를 살리기 위해 하나님께서 하신 일이라고 고백한다. 그의 고백은 마음 속 깊은 곳에서 우러 나오는 확신에 찬 믿음의 고백이었다. 하나님은 형제들의 부끄러움을 은혜로 가려 주시고, 요셉은 형제들의 잘못을 용서로 안아 주었다.

2 요셉은 왜 형들에게 아버지와 모든 식구들을 이집트로 모셔와 고센 시역에 살도록 권면하는가?(창 45:11)

Tip

요셉은 앞으로도 5년간 지속될 기근에 대비하고자 이집트로 모두 내려올 것을 권면하고 있다. 바로가 아직 요셉의 가족들에게 이 땅에 대해 언급하지 않은 상황에서 요셉이 이 지역을 지명하는 것은 그가 오래 전부터 가족에 대한 계획을 세우고 있었음을 암시한다. 고센 지역의 정확한 위치는 아직도 논란의 대상이지만 대체로 나일 델타의 동쪽에 있었던 것이 확실하다.

• **고센 땅의 의미: 이집트의 주류사회와 격리된 거리**

1) 목축업을 할 것임
2) 정치적 사회적 야망이 없음
3) 이집트인들과 결혼하는 일 없음을 선언
4) 풀이 많았으며 물이 풍부함
5) 이집트 사람들의 특정한 간섭이나 제한을 받지 않고 살 수 있음
6) 이스라엘인의 정체성을 지킬 수 있음

3 바로가 요셉의 형들이 왔다는 소식을 듣고 베푼 하사품과 요셉에 대한 보답은 무엇인가?(창 45:17-23)

....

....

Tip

바로는 야곱과 그의 가족들이 타고 이집트로 내려 올 수 있도록 수레를 보낸다. 또한 이집트에서 생산되는 온갖 진귀한 물건들도 야곱에게 선물로 보냈다. 그동안 바로는 요셉 덕분에 상상할 수 없는 부를 누리고 있었을 뿐만 아니라, 기근이라는 범 국제적 위기 상황에서 이집트의 위상을 높이고, 자신의 통치를 더욱 확고히 하고 있었던 것이다. 그는 은인인 요셉에게 무언가를 해주고 싶었는데 이것이 좋은 기회가 되었을 것이다.

4 요셉은 형제들에게 선물을 하는데 그것은 무엇이며, 어떤 의미가 있는가?(창 45:21-23)

....

....

....

Tip
요셉은 형들에게 새 옷 한 벌씩 주고 베냐민에게 은돈 300세겔과 옷 다섯 벌을 주었다.

• 형들에게 옷 한 벌씩 – 옷을 빼앗았던 형들에게 옷을 하사함
형들을 인정한다는 신분 변화의 의미
요셉을 판 형제들과의 일로 비롯된 슬픔과 아픔의 종료를 의미
• 베냐민에게 은 300세겔(한 사람의 30년 봉급)과 옷 다섯 벌

5 요셉의 소식을 들은 야곱의 반응은 어떠했는가?(창 45:27, 28)

Tip
요셉이 살아있다는 소식에 야곱은 "내가 죽기 전에 가서 그를 보리라"고 다짐했다. 요셉의 꿈 이야기를 마음에 새겼던 야곱(37:11)은 요셉이 살아있다는 소식을 듣고 늙은 몸과 마음에 활기와 새로운 의욕이 생겼다.

삶의 내비게이션 - 적용

1 요셉은 어릴 때 형들에게 채색 옷을 빼앗겼는데 이제 옷을 선물한다. 당신의 과거에 작은 것이지만 크게 느껴진 상징적인 것은 어떤 것이 있는가?

관찰문제 4번 참고.

2 요셉은 형들을 진심으로 용서한다. 지금 당신이 하나님의 은혜로 용서하고 싶은 사람이나 일은 무엇이 있는가?

관찰문제 1번 참고.

3 요셉의 이야기를 야곱에게 전하는 형제들은 이제는 시기와 질투보다 진정한 축하와 진심어린 기쁨으로 전하고 있다. 당신의 주변의 지인들 중 진심으로 축하해 줄 일은 무엇이 있는가?

관찰문제 5번 참고.

생활의 아로마 - 실천

눈물의 영웅

창세기 50:15-26

복습

1 자신의 신분을 밝힌 요셉은 형들을 안심시키기 위해서 어떻게 말했는가?(창 45:5)

창세기 50:15-26

50:15 요셉의 형제들이 그들의 아버지가 죽었음을 보고 말하되 요셉이 혹시 우리를 미
워하여 우리가 그에게 행한 모든 악을 다 갚지나 아니할까 하고 16 요셉에게 말을 전
하여 이르되 당신의 아버지가 돌아가시기 전에 명령하여 이르시기를 17 너희는 이같
이 요셉에게 이르라 네 형들이 네게 악을 행하였을지라도 이제 바라건대 그들의 허물
과 죄를 용서하라 하셨나니 당신 아버지의 하나님의 종들인 우리 죄를 이제 용서하소
서 하매 요셉이 그들이 그에게 하는 말을 들을 때에 울었더라 18 그의 형들이 또 친히
와서 요셉의 앞에 엎드려 이르되 우리는 당신의 종들이니이다 19 요셉이 그들에게 이
르되 두려워하지 마소서 내가 하나님을 대신하리이까 20 당신들은 나를 해하려 하였
으나 하나님은 그것을 선으로 바꾸사 오늘과 같이 많은 백성의 생명을 구원하게 하시
려 하셨나니 21 당신들은 두려워하지 마소서 내가 당신들과 당신들의 자녀를 기르리
이다 하고 그들을 간곡한 말로 위로하였더라 22 요셉이 그의 아버지의 가족과 함께 애
굽에 거주하여 백십 세를 살며 23 에브라임의 자손 삼대를 보았으며 므낫세의 아들 마
길의 아들들도 요셉의 슬하에서 양육되었더라 24 요셉이 그의 형제들에게 이르되 나
는 죽을 것이나 하나님이 당신들을 돌보시고 당신들을 이 땅에서 인도하여 내사 아브
라함과 이삭과 야곱에게 맹세하신 땅에 이르게 하시리라 하고 25 요셉이 또 이스라엘
자손에게 맹세시켜 이르기를 하나님이 반드시 당신들을 돌보시리니 당신들은 여기서
내 해골을 메고 올라가겠다 하라 하였더라 26 요셉이 백십 세에 죽으매 그들이 그의
몸에 향 재료를 넣고 애굽에서 입관하였더라

건너 뛴 장 요약

46장

요셉의 형제들이 세 번째 이집트에 도착하여 요셉을 만남

47장

야곱이 자손들과 함께 이집트, 바로가 준 땅에 정착함

48~49장

야곱이 요셉의 두 아들을 축복하고, 자신의 열두 아들을 축복함

말씀 돋보기 - 관찰

1 아버지 야곱이 죽은 후 형들이 두려워한 것은 무엇인가?(창 50:15)

Tip 요셉의 형제들은 요셉이 옛날 일로 인해 앙심을 품고 있었는데 아버지 때문에 그들을 해하지 못하다가 이제 아버지께서 돌아가셨으니 자신들을 해하면 어떻하냐고 걱정했다. 요셉의 형들은 그를 노예로 판 일로 인해 평생 죄책감에 시달렸다. 요셉은 이미 오래 전에 그들을 용서했지만 그들은 자신들을 용서하지 못한 것이다.

2 요셉의 반응은 어떠했는가?(창 50:17)

Tip 형들의 전갈은 아버지의 죽음으로 슬프고 공허했던 요셉을 또한번 울렸다. 형들은 "우리는 당신이 두렵습니다"라는 말을 했다. 요셉에게 형들의 말은 "우리는 당신과 같은 피를 나눈 동생으로 생각해 본 적이 없습니다. 당신은 우리에게 두려움과 공포를 조성하는 이집트 통치자입니다"라는 의미로 들렸을 것이다.

3 형들은 아버지의 부탁이라며 전갈을 보낸 후 직접 찾아와 그 앞에 엎드리는데 이것은 어떤 의미가 있는가?(창 50:18)

Tip 형들은 요셉의 보복을 두려워하며 진심으로 절을 한다. 이것은 요셉이 어린 시절 꾸었던 꿈이 다시 한번 성취되는 것이다.

4 요셉의 대답은 무엇인가?(창 50:19)

....

....

....

Tip 요셉은 형제들의 방문에 서운했지만 지난 17년 동안 형들에게 들려 주었던 말을 다시 들려준다. "두려워하지 마소서. 내가 하나님을 대신하리이까 당신들은 나를 해하려 하였으나 하나님은 그것을 선으로 바꾸사 오늘과 같이 많은 백성의 생명을 구원하게 하시려 하셨나니 당신들은 두려워하지 마소서 내가 당신들과 당신들의 자녀를 기르리이다." 요셉은 형제들을 심판하지 않겠다는 의지를 재확인시켜 준다.

5 요셉의 유언은 무엇이며, 왜 이러한 유언을 남겼는가?(창 50:24, 25)

....

....

....

....

Tip 요셉은 죽으면서 한 가지 유언을 남겼다. "언젠가 하나님께서 너희들을 꼭 이 땅에서 인도해 내셔서 아브라함과 이삭과 야곱에게 맹세하신 가나안 땅으로 데려가실 것이다. 그때 꼭 나의 뼈를 가져가 하나님께서 우리 선조들에게 허락하신 약속의 땅 가나안에 묻어다오". 성경에서 처음으로 '아브라함'과 '이삭'과 '야곱'이 함께 언급되고 있다. 훗날 그의 유언대로 모세가 그의 뼈를 가지고 이집트를 떠나며(출 13:19), 여호수아가 그의 뼈를 세겜에 묻게 된다(수 24:32). 요셉이 이 유언을 남긴 이유는 평생 형제들에게 가족의 일원으로 받아들여지지 못한 것에 대해 죽어서라도 약속의 땅에 묻혀서 위로받기를 원한 것으로 보인다. 또한 창세기 15장의 약속에 대한 확신으로 보인다.

삶의 내비게이션 - 적용

1 성경에서 가장 성공한 사람 중 한 명이 요셉이다. 그러나 본문에 의하면 요셉은 외로운 사람으로 표현되고 있다. 당신은 성공이 무엇이라고 생각하는가?

관찰문제 1번, 2번 참고.

2 요셉은 세상에서 일어나는 일들을 하나님의 계획과 섭리로 바라볼 수 있는 시각을 가졌다. 당신이 요셉과 같이 되기 위해 실천해야 하는 일은 무엇이 있는가?

관찰문제 4번 참고.

3 죽기 전에 남기고 싶은 유언은 무엇인가?

관찰문제 5번 참고.

생활의 아로마 - 실천

창세기(Ⅲ) 말씀 공부를 통한 삶의 변화 일지

주	나의 말씀 적용 (생활의 아로마)	실천 과정과 결과
1주		
2주		
3주		
4주		
5주		
6주		

주	나의 말씀 적용 (생활의 아로마)	실천 과정과 결과
7주		
8주		
9주		
10주		
11주		
12주		

비밀 유지 서약서

나는 이 그룹에서 나눈 것들을 다른 곳에 누설하지 않기로 약속합니다. 또한 다른 그룹원들이 숨기고자 하는 내용을 나누도록 압력을 가하지 않기를 약속합니다. 하나님과 그룹원들에게 나의 약속을 성실히 이행할 것을 서약합니다.

서명 ______________________________

날짜 ______________________________

송병현 〈엑스포지멘터리 시리즈〉의 저자. 캐나다 틴데일대학교(B. Th.)와 미국 시카고 트리니티복음주의신학교를 졸업하고(M. Div.) 동대학원에서 박사학위(Ph. D.)를 받았다. 1997년부터 백석대학교 구약학 교수로 봉직 중이며 2009년부터는 선교지의 지도자 교육을 위해 강사진을 파송하는 STAR 선교회를 이끌고 있다. 목회자와 신학생뿐 아니라 하나님의 말씀에 진지하게 귀 기울이기 원하는 이 땅의 그리스도인들을 섬기기 위해 활발한 성경 강해와 해석 사역을 펼치고 있다.

송(임)우민 캐나다 틴데일대학교(B. Th.)와 미국 시카고 트리니티복음주의신학교를 졸업(M. Div.), LA에 있는 탈봇신학교에서 기독교교육학으로 박사학위(Ph. D.)를 받았다. 20여 년간 북미와 한국에서 영어 주일학교 전도사로 교회학교 현장에서 사역했으며, CMIS 캐나다국제학교 이사, Korea Montessori College 교수, 몬테소리 교사 및 컨설턴트 등 다양한 교육학적 경력을 바탕으로 학부모 세미나, 부부 세미나, 교사 세미나와 주요 강사로서 가정과 교회학교를 말씀으로 세우기를 갈망하는 부모와 교사들을 섬기고 있다. 현재 백석예술대학교 보건복지학부 전임교수로 봉직 중이며, 남편 송병현 교수와 함께 STAR 선교회 이사로 섬기고 있다.

엑스포지멘터리 성경공부 시리즈 창세기(Ⅲ)

초판 1쇄 발행 2013년 7월 1일
2판 2쇄 발행 2025년 3월 30일

지은이 송병현, 임우민
구성 신윤영

펴낸곳 도서출판 이엠
등록번호 제25100-2015-000063
주소 서울시 강서구 공항대로 222, 1014호
전화 070-8832-4671
E-mail empublisher@gmail.com

내용 및 세미나 문의 스타선교회: 02-520-0877 / EMail: starofkorea@gmail.com / www.star123.kr

ISBN 979-11-86880-17-3 93230

「이 도서의 국립중앙도서관 출판시도서목록(CIP)은 서지정보유통지원시스템 홈페이지(http://seoji.nl.go.kr)와 국가자료공동목록시스템(http://www.nl.go.kr/kolisnet)에서 이용하실 수 있습니다. (CIP제어번호:CIP2015000753)」